CB135121

Matemática para Ensino Fundamental

Caderno de Atividades
2º ano

Organizadoras: Carla Scapinelli de Oliveira
Maria Carolina Ticoulat P. Borges
Maria Fernanda Reis Balugani

Coordenação: Álvaro Zimmermann Aranha

6ª Edição

Editora Policarpo

Nome: ______________________________

Turma: ______________ Nº : ______________

São Paulo
2025

Digitação, Diagramação : Sueli Cardoso dos Santos - suly.santos@gmail.com

Ilustrações: Elizabeth Miranda da Silva - elizabeth.ms2015@gmail.com

Capa: Lisie De Luca - lisiedelucca@gmail.com - www.flickr.com/lisiedeluca

Licenciados em Matemática pela Faculdade de Filosofia , Ciências e Letras de Moema
Os autores são (ou foram) professores ou coordenadores ou consultores de Matemática de algumas das mais importantes escolas de São Paulo tais como Colégio Visconde de Porto Seguro, Colégio Uirapuru, Colégio Liceu Jardim, Colégio Vértice, Colégio Bandeirantes, Colégio Móbile.
São também autores da Coleção Exercícios de Matemática (Ensino Médio) e da série Matemática nos Vestibulares (Vol.1 até Vol. 5), da Editora Policarpo.

Dados Internacionais de Catalogação, na Publicação (CIP)

(Câmara Brasileira do Livro, SP, Brasil)

Coordenação do projeto: Aranha, Álvaro Zimmermann.

Organizadoras: Borges, Maria Carolina Ticoulat P. . Oliveira, Carla Scapinelli de.

Balugani, Maria Fernanda Reis.

Matemática / Maria Carolina Ticoulat P. Borges, Carla Scapinelli de Oliveira,
Maria Fernanda Reis Balugani.
- São Paulo: Editora Policarpo, **6ª Edição - 2025**
ISBN: 978-65-88667-35-4
1. Matemática 2. Ensino fundamental
I. Aranha, Álvaro Zimmermann II. Borges, Maria Carolina Ticoulat P.
III. Oliveira, Carla Scapinelli de IV. Balugani, Maria Fernanda Reis.
V. Matemática para Ensino Fundamental 2º ano – Caderno de Atividades.

Índices para catálogo sistemático

site: http://editorapolicarpo.com.br

EDITORA POLICARPO LTDA

Loja pavimento térreo do Edifício Maria Antonieta

Rua: Dr. Rafael de Barros, 252

São Paulo – SP – CEP: 04003 – 041

Tels.: (11) 3284 – 8915 / (11) 4306 – 4903

e – mail: contato@editorapolicarpo.com.br

APRESENTAÇÃO

Sou o Eduardo e tenho 7 anos. Gosto muito de estudar Matemática, porque percebi que ela está em meu dia a dia! São tantos desafios, tantos cálculos que é impossível não se apaixonar.

Neste Caderno de Atividades, você encontrará diversas formas de resolver cálculos, aprenderá novos conceitos matemáticos, resolverá desafios e situações-problema, além de aprender jogando!

Vamos juntos aprender cada vez mais!

SUMÁRIO

CAPÍTULO 1

Neste capítulo, você vai encontrar números até 100. Vai realizar diferentes atividades, como por exemplo, escrever números por extenso, encontrar seus antecessores e sucessores, resolver situações-problema e muitas adições.

NÚMEROS POR TODA PARTE

Você já percebeu que os números estão presentes em nossa casa, na escola, na rua, no mercado, no hospital... Será que todos indicam a mesma coisa?

Vamos pensar mais sobre isso?

1 Para começar, com a ajuda de um adulto, preencha a tabela abaixo:

QUANTOS ANOS VOCÊ TEM?	
QUAL É A SUA ALTURA?	
QUAL É A SUA MASSA?	
QUE NÚMERO VOCÊ CALÇA?	
QUAL É A DATA DE SEU NASCIMENTO?	
A QUE HORAS COSTUMA ACORDAR?	

2 Agora você e seu grupo sairão para investigar. Atenção! Cada grupo deverá ir para um local da escola.

NÚMERO	LOCAL ENCONTRADO

3 Analisem os dados encontrados e respondam oralmente: para que servem os números? Em seguida, você, seus colegas e sua professora farão um texto coletivo.

PENSANDO SOBRE OS NÚMEROS

Ao andar pela escola, vocês encontraram muitos números naturais. Em algumas classes, inclusive, viram o quadro numérico. Vamos recordar como os números são organizados no quadro?

1	2	3	4	5	6	7	8	9	10
11	12	13	14	15	16	17	18	19	20
21	22	23	24	25	26	27	28	29	30
31	32	33	34	35	36	37	38	39	40
41	42	43	44	45	46	47	48	49	50
51	52	53	54	55	56	57	58	59	60
61	62	63	64	65	66	67	68	69	70
71	72	73	74	75	76	77	78	79	80
81	82	83	84	85	86	87	88	89	90
91	92	93	94	95	96	97	98	99	100

1 O que você sabe sobre ele?

2 Vamos observar o quadro numérico.

a) Qual é o MENOR número que aparece no quadro?

b) E qual é o MAIOR?

c) Quais números têm somente UM ALGARISMO?

d) Pinte no quadro os números em que o ALGARISMO 5 aparece.

e) Ao deslocar-se no quadro numérico, dependendo da direção, os números aumentam ou diminuem. Pinte as direções nas quais você percebeu que os números **aumentam**.

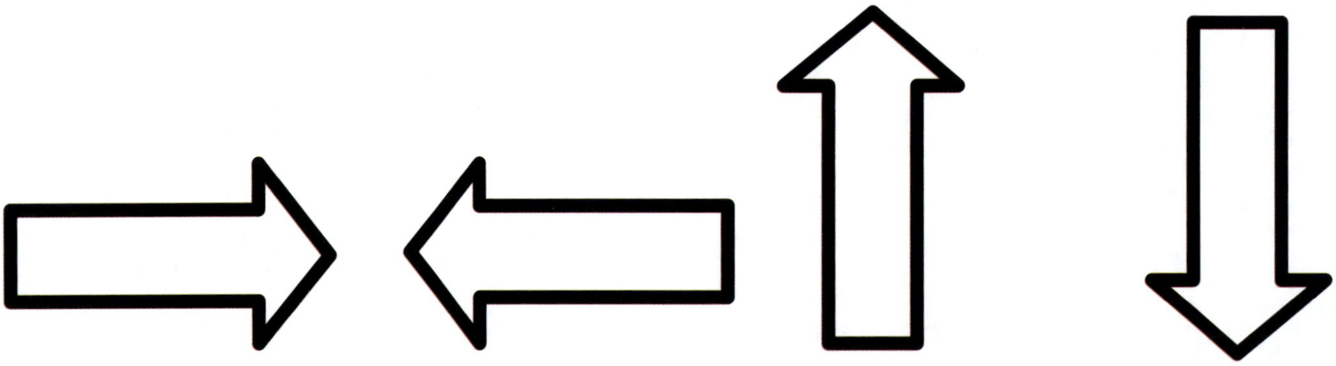

3 Os alunos do 2º ano estão brincando de NÚMERO SECRETO. Cada um escolhe um número e escreve dicas para seus colegas descobrirem de que número estão falando.

a) Descubra qual o número que cada criança abaixo escolheu e responda:

b) Agora é sua vez! Pense em um número e escreva as dicas para que um colega tente descobrir.

___

___

___

___

ANTECESSOR E SUCESSOR

Quando você soma 1 a um número qualquer, encontra o seu SUCESSOR.

45 MAIS UM É 46

Quando você subtrai 1 de qualquer número, encontra o seu ANTECESSOR.

45 MENOS UM É 44

1 Complete de acordo com o que está sinalizado:

+ 1		+ 1		+ 1		+ 1	
23		56		61		88	

- 1		- 1		- 1		- 1	
	23		56		61		88

- 1		+ 1
	10	
	20	
	30	
	40	
	50	
	60	
	70	
	80	
	90	

2 Os funcionários da limpeza precisam ir à sala 21. Ao observar as salas de aulas, eles não conseguiram encontrar a 21, pois algumas portas estavam abertas. Como os funcionários poderão descobrir qual é a sala 21? Indique-a com uma seta.

3 As professoras do 2º ano escolheram um padrão e abriram e fecharam as portas seguindo-o. Observe a imagem abaixo, descubra qual é o padrão e responda às questões:

a) A próxima porta à direita estará aberta ou fechada? ______________________

b) Qual foi o padrão combinado pelas professoras?

____

____

c) Agora é sua vez! Desenhe uma sequência com base em um padrão e peça para um colega descobrir qual é esse padrão.

4 No recreio, as crianças gostam de brincar com a trilha pintada no chão do pátio. Você consegue identificar que números foram substituídos pelos desafios?

Escreva por extenso os números que você conseguiu identificar.

ADIÇÃO

Francisco quer saber quantas aulas de idiomas ele tem durante a semana.

Para descobrir, ele precisa juntar o número 5 com o número 4 a fim de encontrar o resultado. Quando juntamos ou acrescentamos duas ou mais quantidades, estamos fazendo uma adição.

CINCO MAIS QUATRO É IGUAL A NOVE

Podemos representar também com a sentença matemática. Veja:

$$5 + 4 = 9$$

O SINAL **+** INDICA UMA ADIÇÃO. O SINAL **=** INDICA O RESULTADO.

LÊ-SE: **MAIS**

LÊ-SE: **IGUAL**

1 Para somar os números, Eduardo fazia a quantidade de risquinhos equivalente aos números que estavam sendo somados. Ele descobriu uma estratégia mais rápida!

8 + 2 = 10

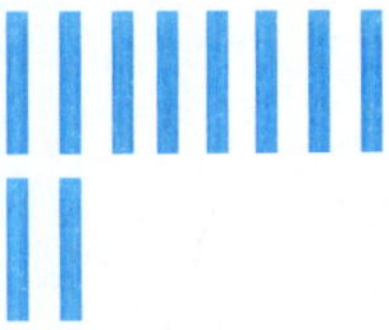

8 + 2 = 10

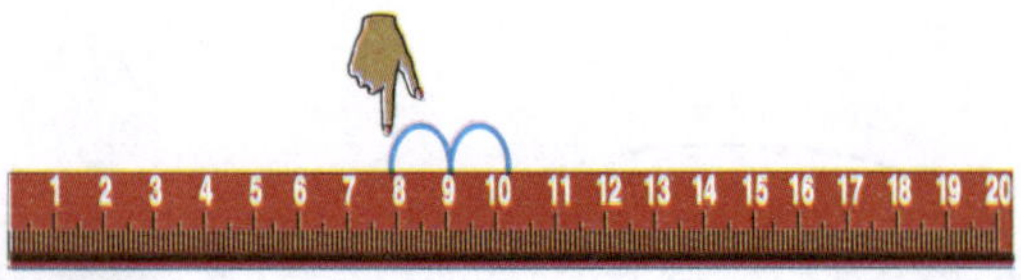

Agora, ele aponta para o maior número na régua e avança a quantidade equivalente ao menor número.

3 + 13 = 16

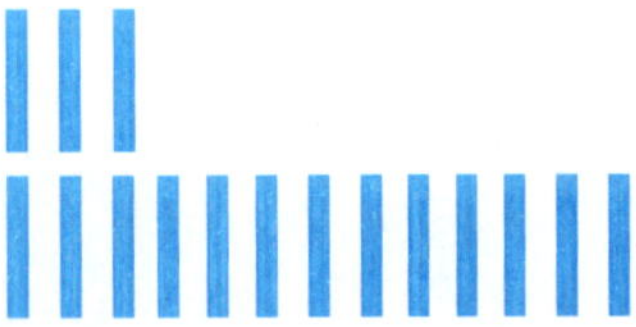

3 + 13 = 16

Agora é sua vez!

7 + 2 = ______	11 + 4 = ______
5 + 3 = ______	5 + 12 = ______
2 + 6 = ______	2 + 13 = ______
1 + 8 = ______	15 + 4 = ______
5 + 2 = ______	3 + 16 = ______
7 + 4 = ______	8 + 12 = ______
1 + 9 = ______	17 + 2 = ______
6 + 3 = ______	16 + 2 = ______

CÁLCULO MENTAL

Se você quiser tornar-se mais ágil ao calcular, pratique fazendo as atividades que estão no anexo.

2 A professora percebeu que muitas crianças estão perdendo seus materiais. Esta semana, ela resolveu contabilizar diariamente os lápis que estão nos "perdidos e achados".

Ela organiza os lápis perdidos antes do recreio de um lado e, do outro, os que foram perdidos depois do recreio, ou seja, até o fim da última aula.

a) Complete com as sentenças matemáticas correspondentes, resolva as adições e responda às questões.

	ANTES DO RECREIO	DEPOIS DO RECREIO	TOTAL
SEGUNDA-FEIRA	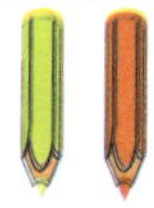	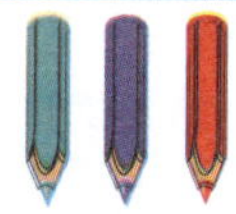	**2 + 3 = 5**
TERÇA-FEIRA	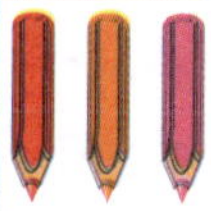		
QUARTA-FEIRA		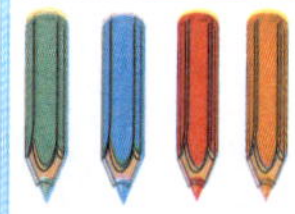	
QUINTA-FEIRA	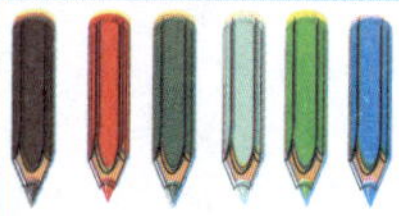		
SEXTA-FEIRA	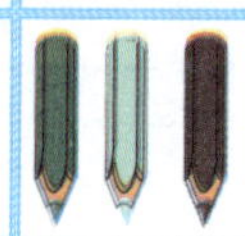	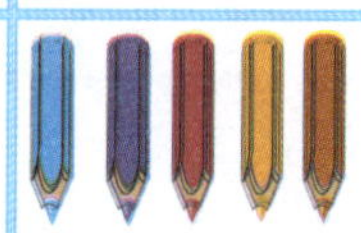	

b) Qual foi o dia da semana em que menos lápis foram perdidos?

____

c) Qual o total de lápis perdidos na semana? ____________________

d) Se você fosse a professora, que dica daria para seus alunos não perderem tantos materiais?

____

____

____

3 Vamos continuar pensando sobre os números?

a) Quantas meninas há em sua classe? ______________________

b) Quantos meninos há em sua classe? ______________________

c) Qual sentença matemática representa a adição que resultará no número total de crianças da classe?

d) Como você resolveria essa adição? Demonstre abaixo.

RESPOSTA: ______________________

4 Júlia tem 6 anos e está no 2º ano. Sua professora propôs uma atividade de matemática e ainda precisa corrigir os exercícios de alguns alunos. Ela deixou 12 cadernos em cima da mesa e outros 7 dentro do armário. Quantos cadernos ao todo a professora tem para corrigir?

a) Qual destas informações não é necessária para resolver o problema?

JÚLIA TEM 6 ANOS.	**12 CADERNOS ESTÃO EM CIMA DA MESA.**	**7 CADERNOS ESTÃO DENTRO DO ARMÁRIO.**

b) Qual sentença matemática representa a adição que resultará no número total de cadernos que precisam ser corrigidos?

c) Como você resolveria essa adição? Demonstre abaixo.

RESPOSTA: ______

5 Eduardo descobriu algumas sentenças matemáticas que têm como resultado os números que estão entre 0 e 10. Agora é com você! Complete as sentenças de modo que o resultado seja o número em destaque acima.

FATOS FUNDAMENTAIS DA ADIÇÃO

1	2	3	4	5
0 +	0 +	0 +	0 +	0 +
1 +	1 +	1 +	1 +	1 +
	2 +	2 +	2 +	2 +
		3 +	3 +	3 +
			4 +	4 +
				5 +

6	7	8	9	10
0 +	0 +	0 +	0 +	0 +
1 +	1 +	1 +	1 +	1 +
2 +	2 +	2 +	2 +	2 +
3 +	3 +	3 +	3 +	3 +
4 +	4 +	4 +	4 +	4 +
5 +	5 +	5 +	5 +	5 +
6 +	6 +	6 +	6 +	6 +
	7 +	7 +	7 +	7 +
		8 +	8 +	8 +
			9 +	9 +
				10 +

CÁLCULO MENTAL

Se você quiser tornar-se eficiente e rápido ao calcular, pratique fazendo as atividades que estão no anexo.

JOGO

JOGO DOS PONTINHOS

Participantes: 2 jogadores

Objetivo do jogo: fazer o maior número de pontos.

- Cada jogador escolhe uma cor de lápis diferente para unir dois pontinhos, que precisam ser vizinhos e só podem ser ligados na horizontal ou na vertical.
- Quando conseguir unir os quatro lados e fechar um quadrado, o jogador faz a sua letra inicial dentro dele para ganhar pontos.
- Quando todos os quadradinhos estiverem fechados, os jogadores precisarão somar os seus pontos e preencher a tabela com o seu total.
- Ganha o jogador que fizer mais pontos.

JOGADA 1

NOME DO JOGADOR 1:

TOTAL: ____________________

NOME DO JOGADOR 2:

TOTAL: ____________________

JOGADA 2

10	5	5	10	5
5	10	5	5	5
5	10	5	10	5
10	5	5	5	5

NOME DO JOGADOR 1:

TOTAL: ____________________

NOME DO JOGADOR 2:

TOTAL: ____________________

JOGADA 3

10	5	5	5	10
5	5	5	10	5
5	5	5	5	10
5	10	5	5	10

NOME DO JOGADOR 1:

TOTAL: ____________________

NOME DO JOGADOR 2:

TOTAL: ____________________

CAPÍTULO 2

O seu desafio está aumentando! O quadro de números irá até 200 e você poderá consultá-lo para realizar as atividades de ordem crescente e decrescente, fazer cálculos, agrupar, resolver problemas e jogar Resta 0.

NÚMEROS POR TODA PARTE

1 Vamos conversar sobre a ficha catalográfica do nosso caderno de atividades de matemática?

a) O que você observou?

b) Há números nela?

c) Escolha uma cor e pinte-os.

d) Qual a função dos números que você encontrou?

2 Agora, escolha um livro e veja se você encontra a ficha catalográfica. Observe se nela há as mesmas informações.

PENSANDO SOBRE OS NÚMEROS

Vamos aprender mais sobre o quadro numérico?

101	102	103	104	105	106	107	108	109	110
111	112	113	114	115	116	117	118	119	120
121	122	123	124	125	126	127	128	129	130
131	132	133	134	**135**	136	137	138	139	140
141	142	143	144	145	146	147	148	149	150
151	152	153	154	155	156	157	158	159	160
161	162	163	164	165	166	167	168	169	170
171	172	173	174	175	176	177	178	179	180
181	182	183	184	185	186	187	188	189	190
191	192	193	194	195	196	197	198	199	200

1 Em destaque, está o número 135. Pinte seguindo as orientações:

- ✦ **VERMELHO**: 135 mais um
- ✦ **AMARELO**: 135 menos um
- ✦ **VERDE**: 135 mais dez
- ✦ **AZUL**: 135 menos dez

2 Ao deslocar-se uma casa no quadro numérico, somamos ou subtraímos 1 ou 10. Ligue as setas às etiquetas equivalentes.

⇨ ⇦ ⇧ ⇩

+ 1 **– 10** **+ 10** **– 1**

3 Complete as peças do quebra-cabeça do quadro numérico:

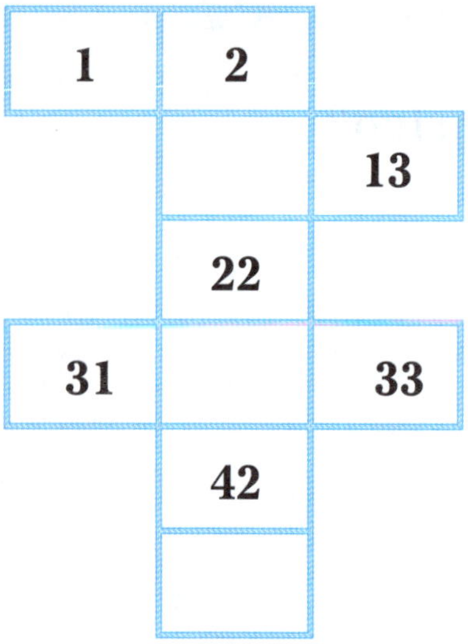

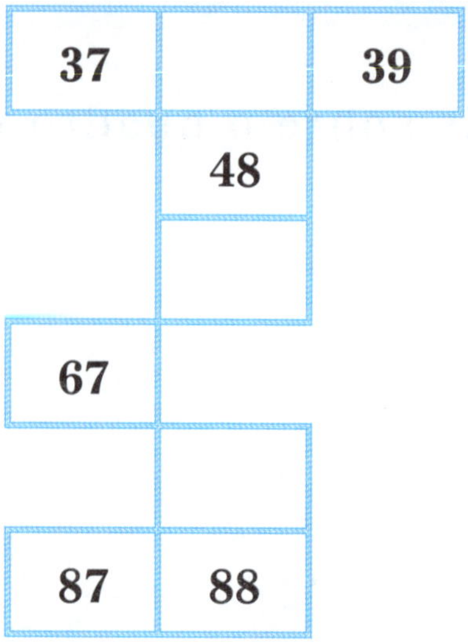

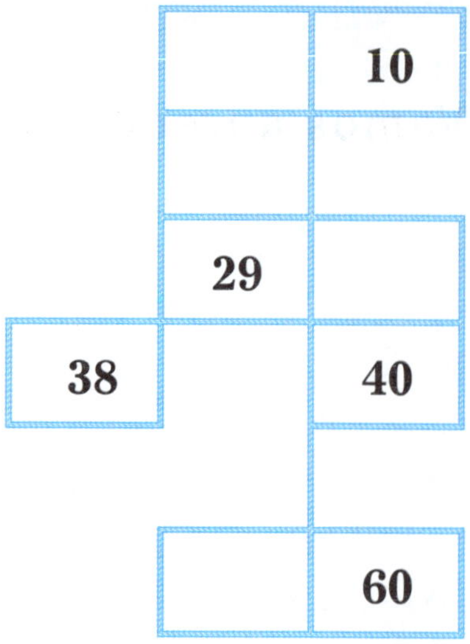

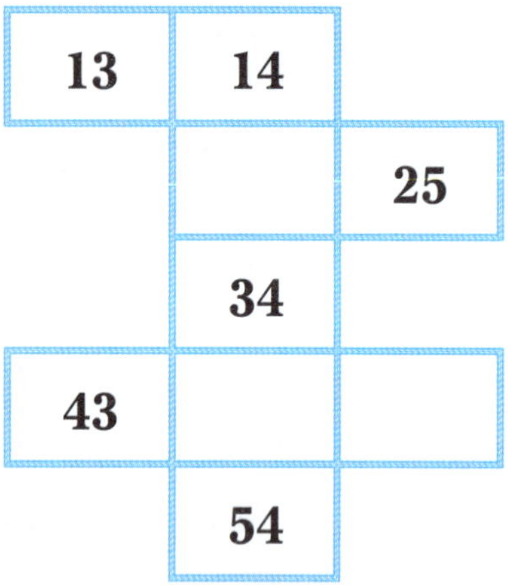

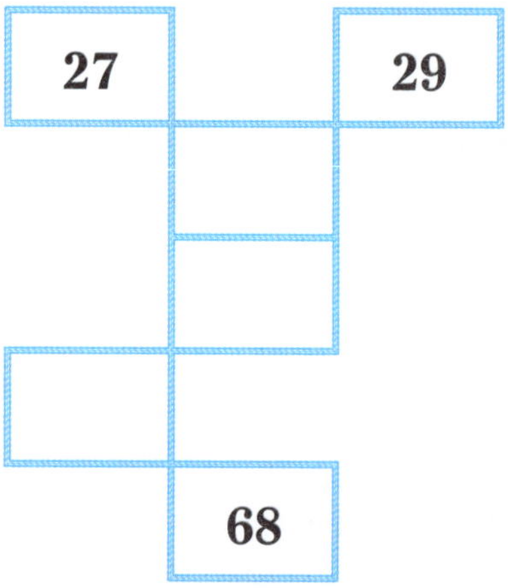

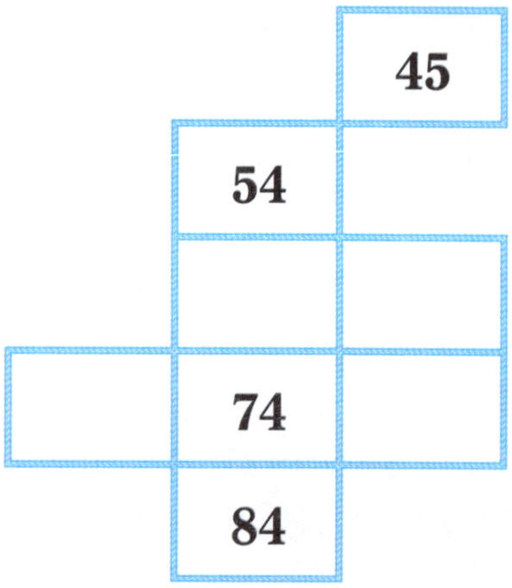

4 Algumas crianças estavam consultando o quadro numérico e uma delas acabou derramando suco. Quantos números foram manchados e não é possível ver?

1	2	3	4	5	6	7	8	9	10
11	12	13	14	15	16	17	18	19	20
21	22	23	24	25	26	27	28	29	30
31	32	33	34	35	36	37	38	39	40
41	42	43	44	45	46	47	48	49	50
51	52	53	54	55	56		58	59	60
61	62	63	64	65	66			69	70
71	72	73	74	75	76				
81	82	83	84	85	86				
91	92	93	94	95	96				

ORDEM CRESCENTE E ORDEM DECRESCENTE

Quando os números estão organizados do **MENOR** para o **MAIOR**, estão em **ORDEM CRESCENTE**.

1 – 2 – 3 – 4 – 5 – 6 – 7 – 8 – 9 – 10

Quando os números estão organizados do **MAIOR** para o **MENOR**, estão em **ORDEM DECRESCENTE**.

10 – 9 – 8 – 7 – 6 – 5 – 4 – 3 – 2 – 1

1 Observe como os livros foram organizados e descubra se estão em ordem crescente ou decrescente. Marque um **X** na opção correta.

( ) Ordem crescente.
( ) Ordem decrescente.

( ) Ordem crescente.
( ) Ordem decrescente.

2 A bibliotecária colocará os livros novamente na prateleira. Para facilitar, ela quer organizá-los sobre a mesa em ordem decrescente antes de levá-los até a estante. Você consegue ajudá-la?

VOCÊ SABIA?

A Biblioteca Infantil Monteiro Lobato é um dos acervos que oferece a maior quantidade de títulos infantojuvenis da América do Sul.

3 A equipe da biblioteca está preparando etiquetas. Ajude completando a sequência em ordem crescente seguindo o padrão:

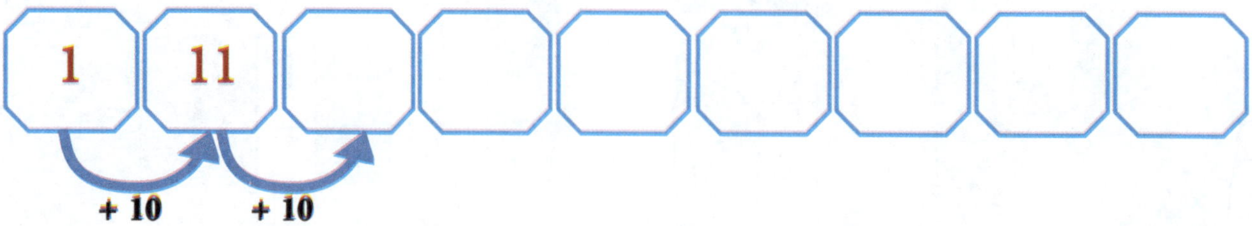

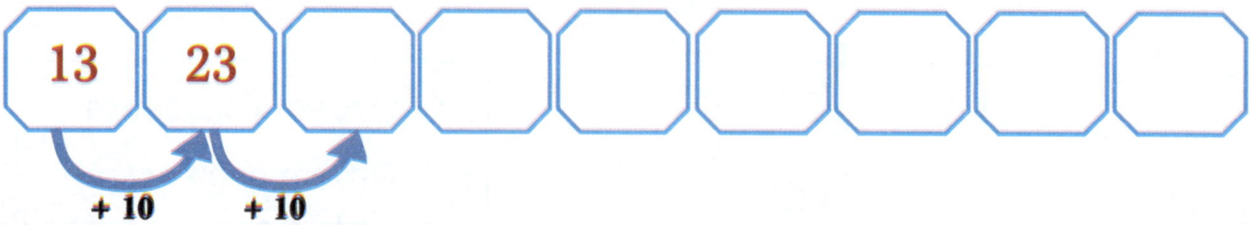

4 Para Luísa chegar à biblioteca, ela precisa seguir em ordem crescente avançando de um em um. Preste atenção aos números e faça as melhores escolhas. Afinal, nem todos os caminhos são possíveis!

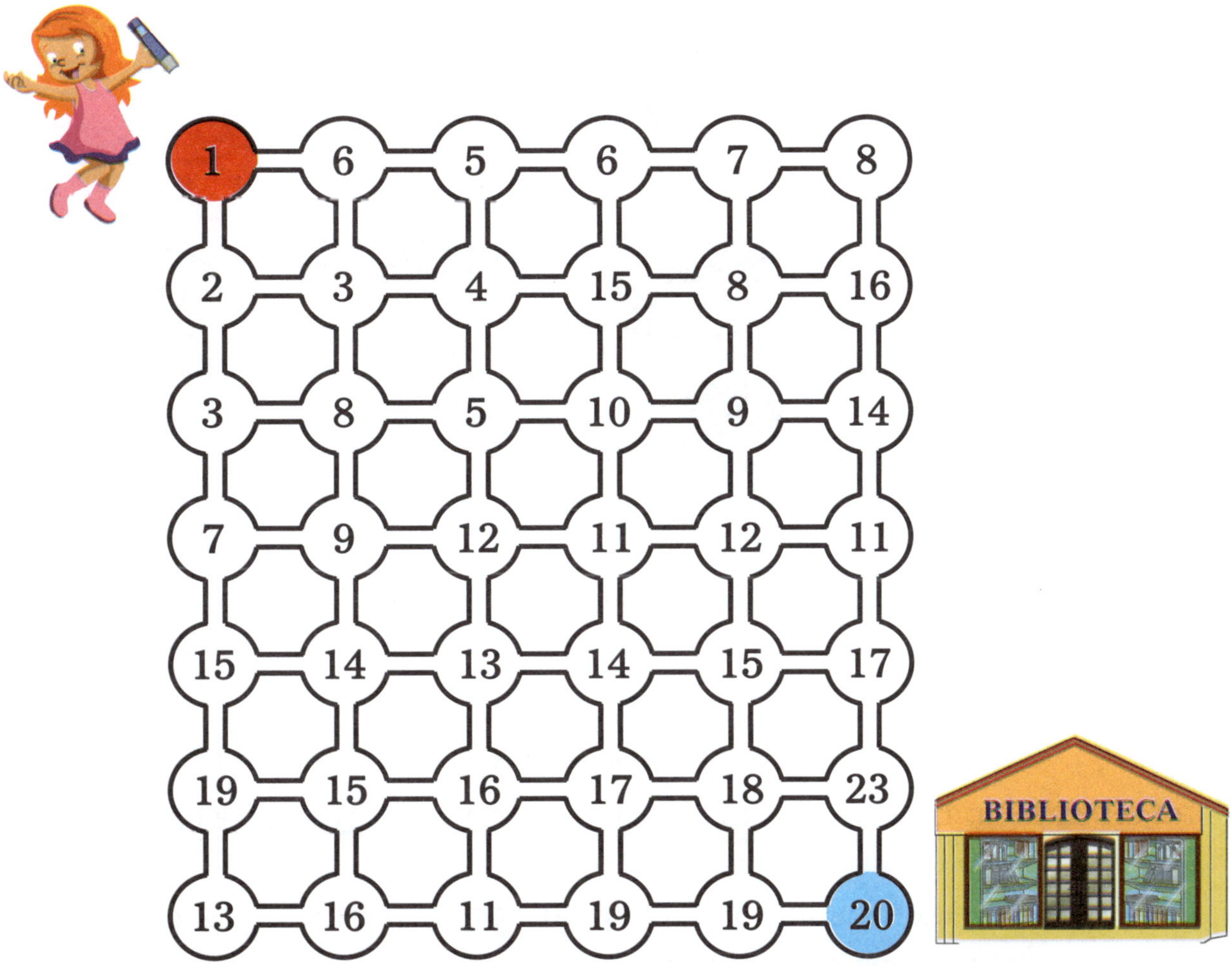

5 João resolveu organizar seus livros de uma maneira diferente! Observe e descubra o padrão usado por ele para construir estas pilhas, completando com a quantidade de livros que as próximas terão.

4	7	10	13	16		

NÚMEROS ORDINAIS

As crianças do 2º ano também aproveitam a hora do recreio para retirarem livros na biblioteca. Elas são atendidas respeitando a ordem de chegada.

1 Observe a imagem acima e escreva o nome das crianças na ordem em que serão atendidas pela bibliotecária.

1ª ______________________ 3ª ______________________

2ª ______________________ 4ª ______________________

Quando os números indicam ordem, eles são chamados de NÚMEROS ORDINAIS.

2 Camila é a sétima e última da fila. Quantas pessoas há na fila?

( ) 3 ( ) 7 ( ) 6

3 Mateus é o quinto da fila. Quantas pessoas há antes dele?

( ) 4 ( ) 7 ( ) 6

4 Caio é o terceiro da fila. Ele está exatamente no meio da fila. Quantas pessoas há nessa fila?

( ) 4 ( ) 6 ( ) 5

5 Escreva por extenso os números ordinais abaixo.

1º ____________ 6º ____________

2º ____________ 7º ____________

3º ____________ 8º ____________

4º ____________ 9º ____________

5º ____________ 10º ____________

VOCÊ SABIA?

A primeira biblioteca pública fundada no Brasil foi a da Bahia, em 1811, por iniciativa dos próprios cidadãos.

A Biblioteca Nacional do Rio de Janeiro é considerada pela Unesco a **sétima biblioteca nacional do mundo**.

SUBTRAÇÃO

Letícia quer saber quantas páginas ela precisa ler para terminar o livro.

Para descobrir, ela precisa tirar as 10 páginas que já leu das 15 páginas que o livro tem. Quando tiramos uma quantidade de outra, estamos fazendo uma subtração.

QUINZE MENOS DEZ É IGUAL A CINCO.

Podemos representar também com a sentença matemática. Veja:

$$15 - 10 = 5$$

O SINAL **–** INDICA UMA SUBTRAÇÃO. NÓS CHAMAMOS DE **MENOS**.

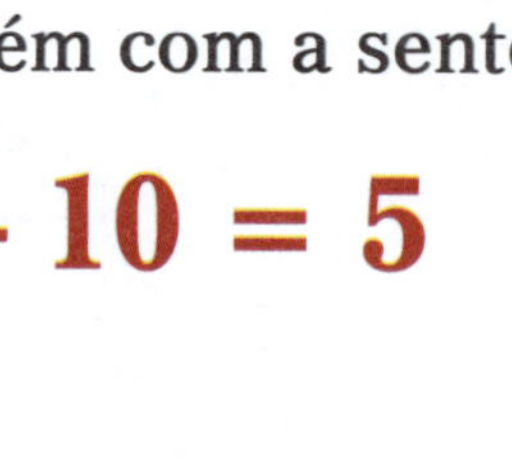

1 A equipe da biblioteca está preparando um evento para comemorar o Dia Nacional do Livro Infantil. Para isso, foram montadas estantes com livros de autores renomados.

Para organizar a retirada das obras, a bibliotecária risca a quantidade de livros emprestados em uma folha.

Escreva as sentenças matemáticas seguindo o modelo.

	$8 - 3 = 5$

2 Em cada prateleira desta estante, são guardados 10 livros. Responda as perguntas abaixo.

Quantos livros estão na prateleira?	Quantos livros faltam?	Sentença matemática

3 Considerando as apresentações das crianças, qual a sentença matemática que representa a quantidade de livros que Mariana leu a mais que André? Pinte a correta.

$9 + 7 =$	$9 - 7 =$

Podemos concluir que Mariana leu a mais que André:

( ) 16 livros. ( ) 2 livros. ( ) 97 livros.

4 Durante o ano leremos muitos livros, sejam eles da Biblioteca Central, de casa, do acervo da sala ou da Biblioteca Pessoal.

a) Quantos livros compõem a Biblioteca Pessoal dos alunos do 2º ano?

____

b) Quantos livros da Biblioteca Pessoal você já leu até o momento?

____

c) Qual sentença matemática representa a subtração que resultará no número de livros que você ainda lerá até o fim do ano?

d) Como você resolve essa subtração? Demonstre abaixo.

5 Lúcia precisa organizar os livros na estante de acordo com a quantidade indicada na etiqueta. Quando foi colocar os livros na última prateleira, percebeu que a etiqueta havia caído.

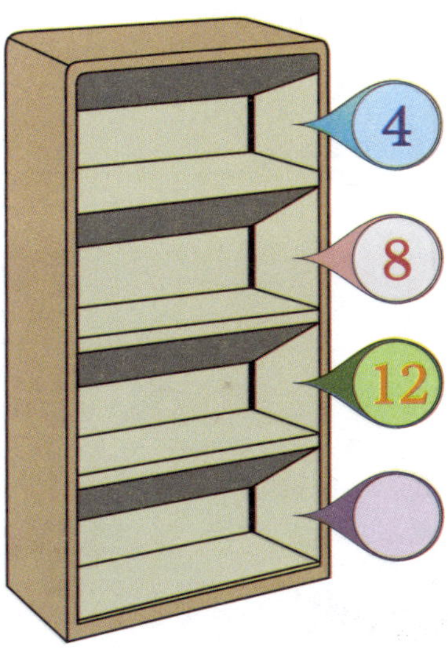

a) Escreva a quantidade correspondente ao número de livros na última prateleira.

b) Quantos livros serão guardados ao todo nessa estante? Marque um **X** na resposta correta.

( ) Nessa estante, serão guardados 24 livros.

( ) Nessa estante, serão guardados 40 livros.

( ) Nessa estante, serão guardados 30 livros.

6 A equipe da biblioteca está preparando novas etiquetas para os livros. Ajude completando a sequência em ordem decrescente seguindo o padrão:

90	80						

– 10 – 10

16	14						

– 2 – 2

50	45						

– 5 – 5

29	26						

– 3 – 3

Para subtrair os números, Eduardo fazia a quantidade de risquinhos equivalente ao maior número e riscava a quantidade que estava sendo tirada. Ele descobriu uma estratégia mais rápida! Ele aponta para o primeiro número na régua e anda para a esquerda a quantidade equivalente ao menor número.

8 – 2 = 6 **8 – 2 = 6**

Agora é sua vez!

7 – 2 = ________	10 – 4 = ________
5 – 3 = ________	12 – 5 = ________
6 – 4 = ________	13 – 2 = ________
8 – 1 = ________	15 – 4 = ________
5 – 2 = ________	16 – 3 = ________
7 – 4 = ________	12 – 8 = ________
9 – 8 = ________	17 – 6 = ________
6 – 3 = ________	16 – 5 = ________

Pratique fazendo as atividades que estão no anexo! Isso ajudará você a calcular mentalmente cada vez mais rápido.

Complete as sentenças de modo que o resultado seja o número em destaque acima.

FATOS FUNDAMENTAIS DA SUBTRAÇÃO

0	1	2	3	4
10 –	10 –	10 –	10 –	10 –
9 –	9 –	9 –	9 –	9 –
8 –	8 –	8 –	8 –	8 –
7 –	7 –	7 –	7 –	7 –
6 –	6 –	6 –	6 –	6 –
5 –	5 –	5 –	5 –	5 –
4 –	4 –	4 –	4 –	4 –
3 –	3 –	3 –	3 –	
2 –	2 –	2 –		
1 –	1 –			

5	6	7	8	9
10 –	10 –	10 –	10 –	10 –
9 –	9 –	9 –	9 –	9 –
8 –	8 –	8 –	8 –	
7 –	7 –	7 –		
6 –	6 –			
5 –				

CÁLCULO MENTAL

Pratique fazendo as atividades no anexo!

JOGO

RESTA 0

Participantes: 2 jogadores

Objetivo do jogo: chegar ao número zero.

Material necessário: 1 dado

Como jogar

- Cada jogador escreve o seu nome na folha.
- Após decidir quem iniciará o jogo, o participante joga o dado uma vez e subtrai do número 21 o número que sair no dado, registrando abaixo dele o resultado.
- As próximas jogadas seguem da mesma forma, com os participantes alternando suas jogadas, lançando o dado e subtraindo o número que aparece do último resultado registrado por ele.
- Ganha o jogador que chegar primeiro ao resultado 0.

Jogador:	Jogador:
21	21

Jogador:	Jogador:
21	21

Jogador:	Jogador:
21	**21**

Jogador:	Jogador:
21	**21**

Jogador:	Jogador:
21	**21**

UNIDADE E DEZENA

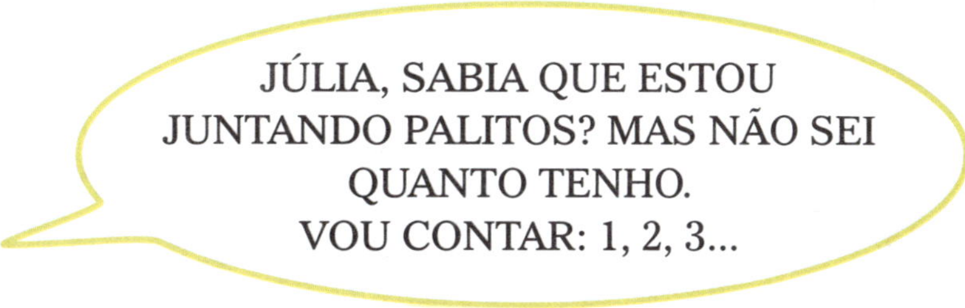

18

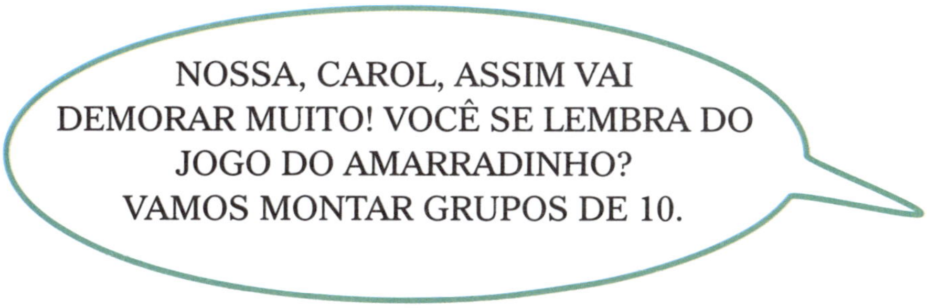

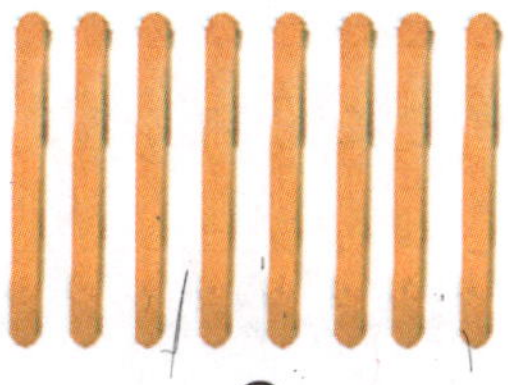

10 + 8 = 18

PARA LEMBRAR:

Quando juntamos um grupo de 10 palitos, formamos um amarradinho.
Aqui formamos então 1 amarradinho e 8 palitos soltos.
Na matemática, chamamos cada palito de **unidade** e um amarradinho de **dezena**.

1 Agora é com você! Siga o modelo e escreva o número correspondente à quantidade total de palitos.

10 + 10 + 10 + 10 = 40

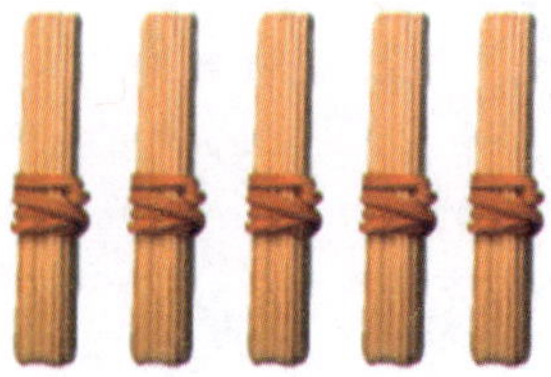

2 Desenhe uma jogada de AMARRADINHO no retângulo da esquerda e peça para um colega registrar a quantidade no retângulo da direita.

CAPÍTULO 3

O quadro numérico não para de aumentar. Ele irá até o número 300. Você conhecerá o Material Dourado e irá realizar cálculos de adição e subtração, utilizando unidades, dezenas e centenas.

NÚMEROS POR TODA PARTE

Leia os cartazes abaixo e circule os números que encontrar.

PENSANDO SOBRE OS NÚMEROS

201	202	203	204	205	206	207	208	209	210
211	212	213	214	215	216	217	218	219	220
221	222	223	224	225	226	227	228	229	230
231	232	233	234	235	236	237	238	239	240
241	242	243	244	245	246	247	248	249	250
251	252	253	254	255	256	257	258	259	260
261	262	263	264	265	266	267	268	269	270
271	272	273	274	275	276	277	278	279	280
281	282	283	284	285	286	287	288	289	290
291	292	293	294	295	296	297	298	299	300

1 A professora está brincando de **NÚMERO SECRETO** com seus alunos. Para eles desvendarem o mistério, a professora deu as orientações abaixo.

Circule quem acertou o número em que a professora estava pensando.

1ª RODADA

Iniciem pelo número **241** e sigam

2	3	1	2
↑	→	↓	←

2ª RODADA

Iniciem pelo número **300** e sigam

4	5	2	2	1
↑	←	↓	→	↓

2 A equipe responsável por pesar as tampas plásticas arrecadadas preparou um gráfico mostrando quantos quilos são arrecadados a cada seis meses. Observando o gráfico, você diria que a arrecadação está em um movimento **CRESCENTE** ou **DECRESCENTE**?

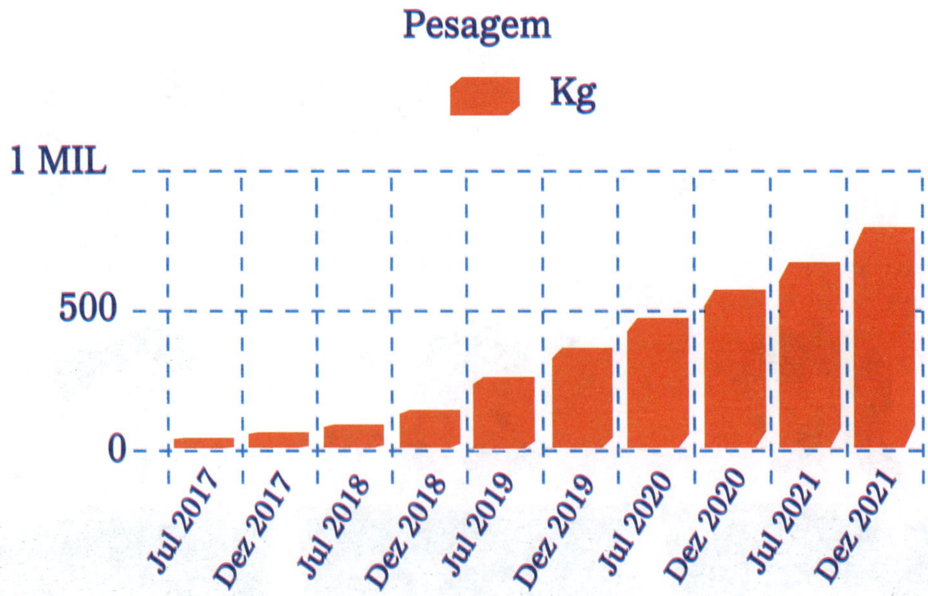

RESPOSTA: ____________________

3 Na tabela a seguir, a equipe registrou as doações arrecadadas pelos sete grupos participantes.

GRUPOS	QUANTIDADE DE TAMPAS DOADAS
1	167
2	200
3	89
4	115
5	148
6	193
7	64

Abaixo, organize os dados em **ordem decrescente**.

UNIDADE, DEZENA E CENTENA

MATERIAL DOURADO

O Material Dourado também nos ajuda a aprender mais sobre os números.

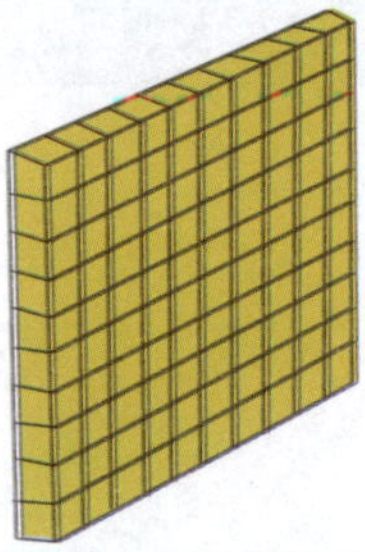		
PLACA	**BARRA**	**CUBINHO**
1 CENTENA **10 DEZENAS** **100 UNIDADES**	**1 DEZENA** **10 UNIDADES**	**1 UNIDADE**

1 Escreva o número correspondente. Se necessário, consulte o quadro acima.

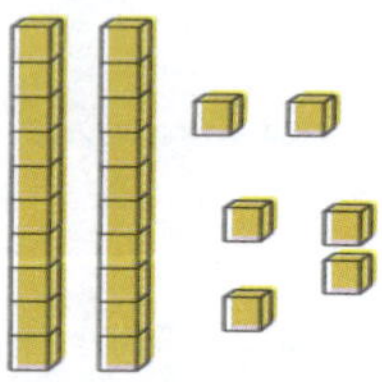

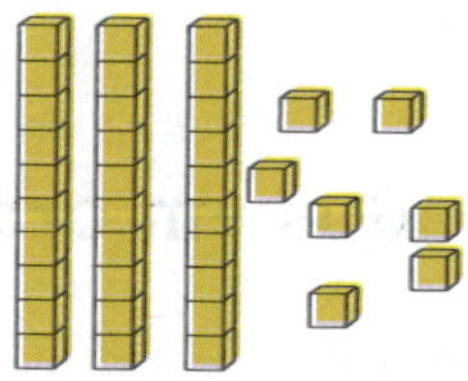

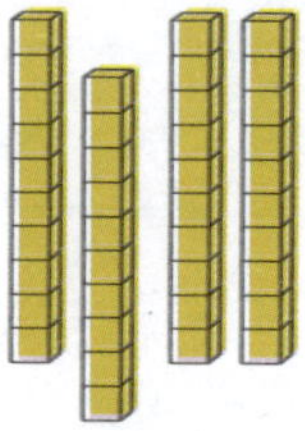

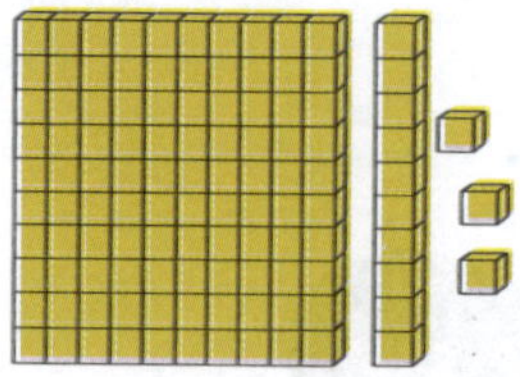

2 Agora vamos fazer o contrário. Leia o número e faça a representação utilizando o Material Dourado.

7

131

25

200

152

181

3 Algumas peças do Material Dourado já foram separadas. Desenhe as que faltam.

38 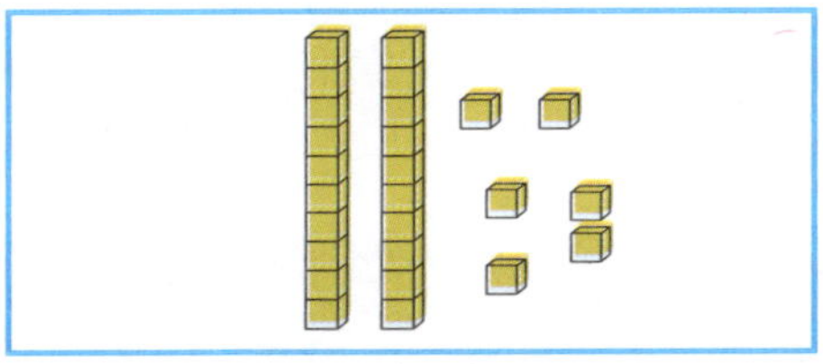

147 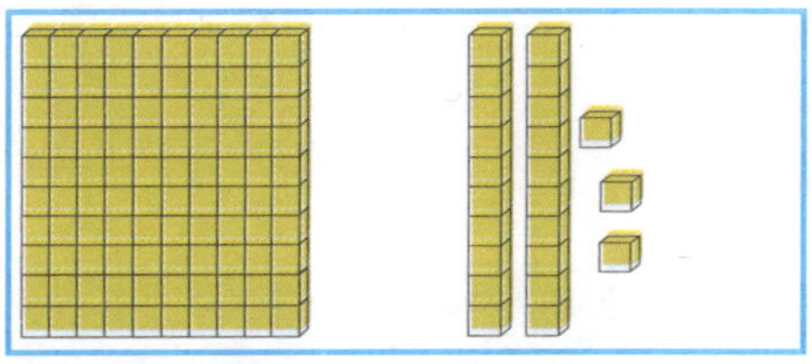

97 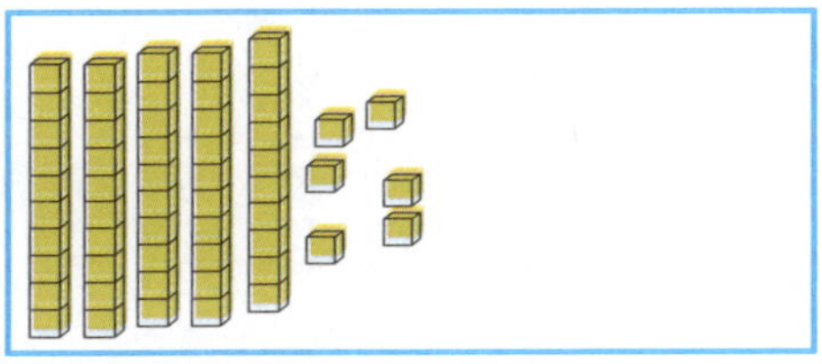

121 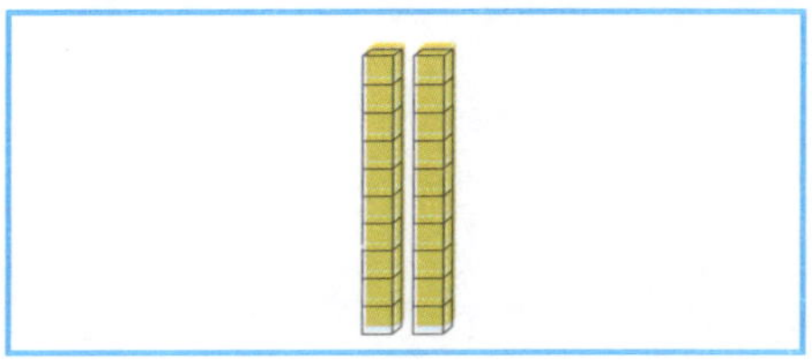

4 Leia o número e preencha o quadro de ordens, desenhando as peças do Material Dourado.

	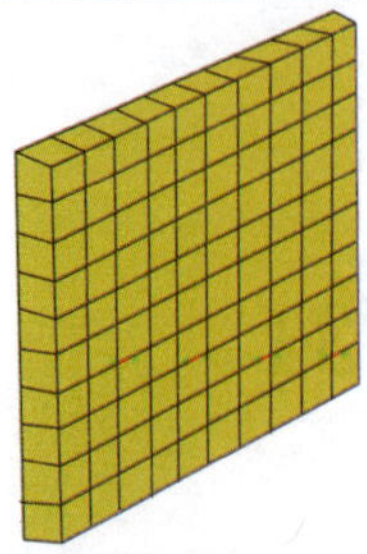		
	CENTENA	**DEZENA**	**UNIDADE**
7			
CENTO E SETENTA E DOIS			
CENTO E UM			
63			
QUARENTA			
5			

Veja como o Eduardo faz para calcular a seguinte adição:

145 + 34 =

✦ Primeiro ele separa as peças do Material Dourado que representam cada parcela. Veja como ele as organiza:

145	+	34	=
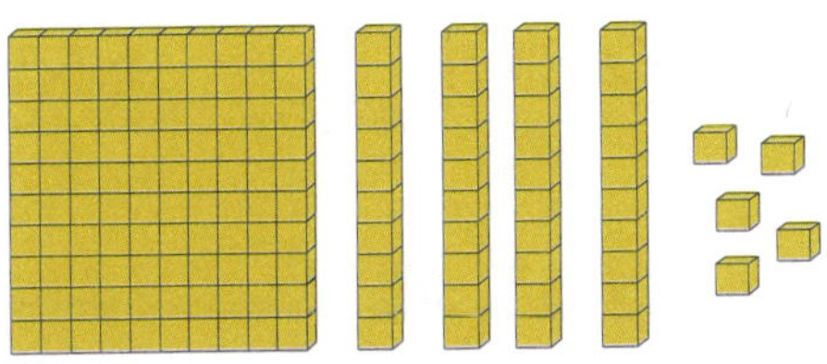		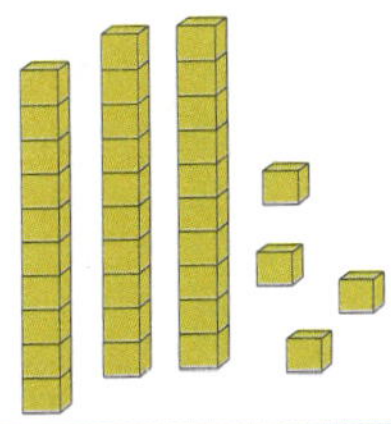	

✦ Depois, ele organiza as peças no quadro de ordens, deixando as centenas de um lado, as dezenas no centro e as unidades do outro lado.

CENTENA	DEZENA	UNIDADE
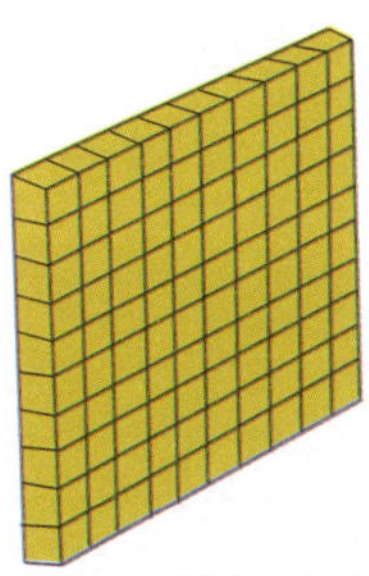	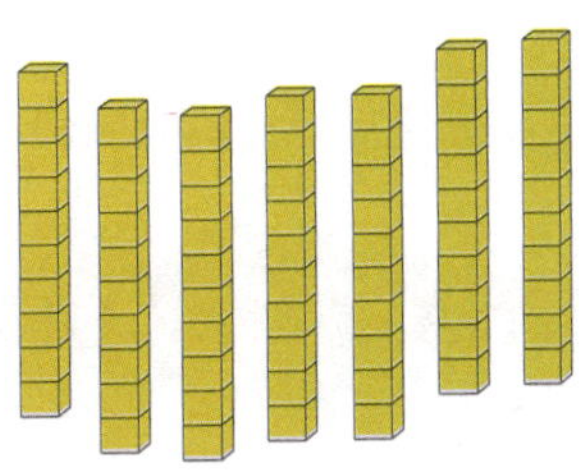	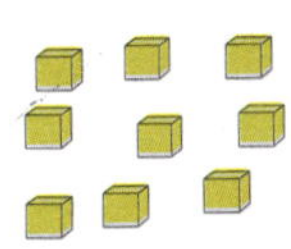
1	7	9

Para finalizar, ele adiciona a quantidade de cada coluna.

1 Vamos fazer algumas adições desenhando o Material Dourado?

a) 31 + 17 = ______

CENTENA	DEZENA	UNIDADE

b) 53 + 25 = ______

CENTENA	DEZENA	UNIDADE

c) 81 + 10 = ______

CENTENA	DEZENA	UNIDADE

d) 46 + 23 = ______

CENTENA	DEZENA	UNIDADE

e) 113 + 24 = ______

CENTENA	DEZENA	UNIDADE

Ao manusear o Material Dourado, veja o que Eduardo percebeu:

$1 + 1 = 2$

$10 + 10 = 20$

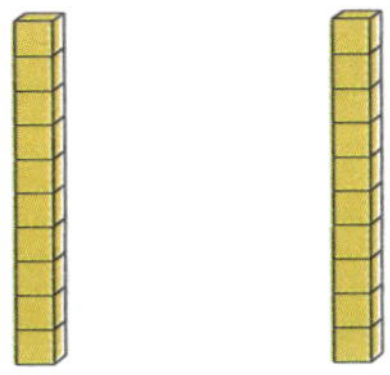

$4 + 1 = 5$

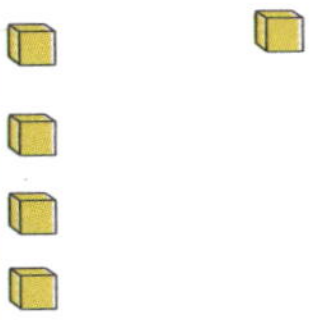

$40 + 10 = 50$

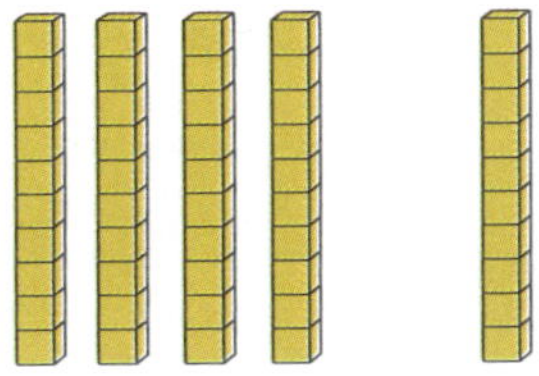

2 Agora é sua vez! Se precisar, use o Material Dourado.

1 + 1 = __________	10 + 10 = __________
2 + 2 = __________	20 + 20 = __________
3 + 3 = __________	30 + 30 = __________
4 + 4 = __________	40 + 40 = __________
2 + 1= __________	20 + 10 = __________
3 + 1 = __________	30 + 10 = __________
4 + 1 = __________	40 + 10 = __________
5 + 1 = __________	50 + 10 = __________
6 + 1 = __________	60 + 10 = __________
7 + 1 = __________	70 + 10 = __________
8 + 1 = __________	80 + 10 = __________
3 + 2 = __________	30 + 20 = __________

SUBTRAÇÃO

Eduardo também usa o Material Dourado para calcular as subtrações. Veja como ele faz para resolver o cálculo abaixo:

23 – 13 =

Qual é o número maior?

- Para a subtração, ele separa apenas as peças que representam o primeiro número.
- O desenho abaixo representa, com o Material Dourado, a mesma quantidade.

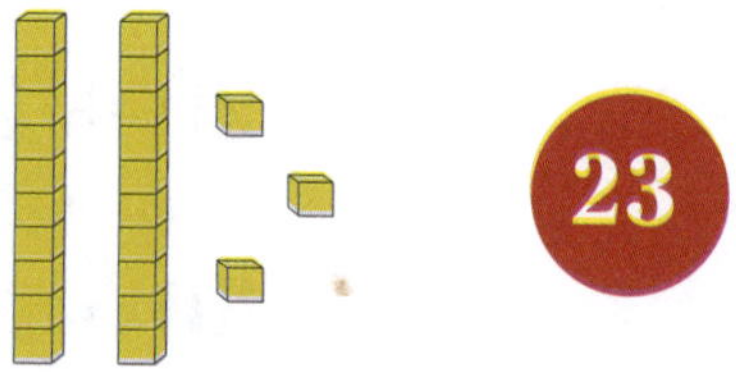

- Depois, ele tira as peças equivalentes ao menor número. Ou seja, ele retira uma dezena e três unidades.
- Quando fazemos essa representação por meio de desenhos, riscamos a quantidade para retirar o menor número.

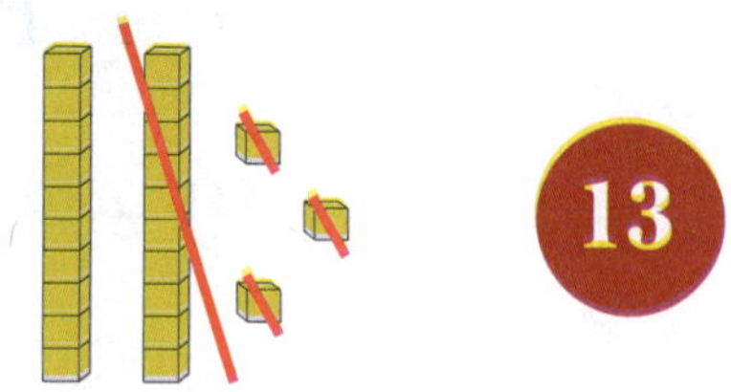

- Qual é o resultado?

Observe:

Então: 23 – 13 = 10

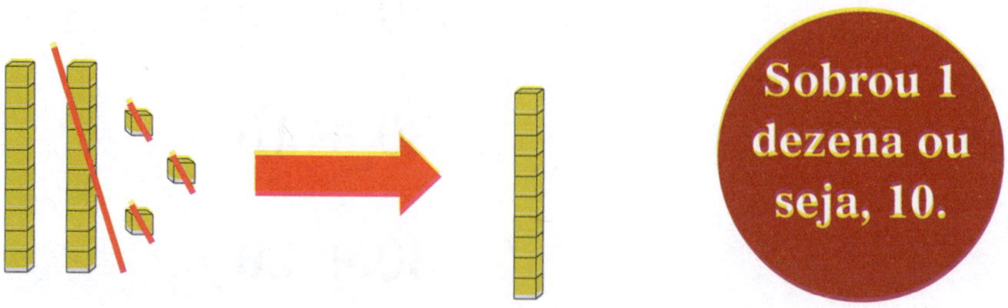

1 Vamos fazer algumas subtrações desenhando o Material Dourado?

a) 18 – 7 = ☐

b) 29 – 12 = ☐

c) 45 – 21 = ☐

d) 84 – 60 = ☐

e) 118 – 106 = ☐

Ao manusear o Material Dourado, veja o que Eduardo também percebeu:

1 – 1 = 0 **10 – 10 = 0**

4 – 1 = 3 **40 – 10 = 30**

2 Agora é sua vez! Se precisar, use o Material Dourado.

2 – 1 = ______	20 – 10 = ______
3 – 2 = ______	30 – 20 = ______
4 – 3 = ______	40 – 30 = ______
5 – 4 = ______	50 – 40 = ______
6 – 5= ______	60 – 50= ______
7 – 6 = ______	70 – 60 = ______
8 – 7 = ______	80 – 70 = ______
9 – 8 = ______	90 – 80 = ______
9 – 1 = ______	90 – 10 = ______
8 – 1= ______	80 – 10 = ______
7 – 1 = ______	70 – 10 = ______
6 – 1 = ______	60 – 10 = ______

Resolva as situações-problema.

SE O TEMPO DE BANHO PASSAR DE 15 MINUTOS PARA 5 MINUTOS, CERCA DE 90 LITROS DE ÁGUA PODEM SER ECONOMIZADOS.

1 Depois de ler esse cartaz, uma professora perguntou aos alunos quem tomava banho em até cinco minutos. Dos 25 alunos, 11 responderam não tomar banhos dentro desse tempo. Quantos alunos economizam água na hora do banho?

SENTENÇA MATEMÁTICA

RESPOSTA: ____________________

2 Boa parte dos alunos da professora Paula aderiu à campanha A Hora do Planeta. Ao todo, a turma tem 28 alunos. Se 11 deles não participaram da campanha, quantos alunos aderiram à Hora do Planeta?

SENTENÇA MATEMÁTICA

RESPOSTA: ____________________

3 Marina e seus colegas descobriram que a arrecadação de tampas plásticas também é importante para a redução de lixo no meio ambiente e auxilia muitas ações sociais. Algumas dessas iniciativas, por exemplo, atuam com animais abandonados.

Agora, ela e seus amigos estão fazendo uma campanha para arrecadar tampinhas plásticas. Marina juntou 23 quilos, Lara, 14 quilos e Lucas, 31 quilos.

a) Quantos quilos de tampinhas os três arrecadaram para a campanha?

SENTENÇA MATEMÁTICA

RESPOSTA: ____________________

b) O total arrecadado é suficiente para a castração? ( ) SIM. ( ) NÃO.

4 Júlia e Beatriz estão participando de uma campanha para despoluir o lago perto da casa delas. Há poucos voluntários, por isso elas resolveram chamar mais gente. Júlia conseguiu levar 65 pessoas para ajudar e Bia, 44. Quantos voluntários as duas conseguiram juntas?

SENTENÇA MATEMÁTICA

RESPOSTA: ______________________________

5 Na garagem do prédio de João, havia 86 lâmpadas em funcionamento. Ele e seus amigos explicaram aos outros moradores que poderiam economizar energia diminuindo o número de lâmpadas acesas. Sugeriram deixar 63 apagadas. Quantas lâmpadas ficariam acesas?

SENTENÇA MATEMÁTICA

RESPOSTA: ______________________________

6 Há um mês, Marcelo e Enzo combinaram que juntariam 300 lacres de latinhas. Até o momento, os amigos arrecadaram o seguinte:

Eles já conseguiram juntar a quantidade de lacres combinada?

☐ Sim, pois eles juntaram 398 lacres.

☐ Não, pois eles juntaram 297 lacres.

☐ Não, pois faltam 50 lacres.

CAPÍTULO 4

Neste capítulo, você vai conhecer as fichas sobrepostas para decompor e compor números, fazer cálculos, resolver problemas, ordenar números na ordem decrescente e crescente bem como encontrar seus antecessores e sucessores. Vai também perceber que o quadro de números está mais alto!

NÚMEROS POR TODA PARTE

Muitas brincadeiras que conhecemos hoje eram jogadas pelos nossos avós e pais. Geralmente eles encontravam os amigos na rua, no clube ou em suas casas para que pudessem se divertir. O recreio também era um momento muito gostoso.

VOCÊ SABIA?

Algumas brincadeiras são tão antigas que até os antigos reis de Roma devem ter entrado na roda.

1 Algumas dessas brincadeiras contêm números em suas jogadas. Você sabe quais são? Marque um **X**.

( ) Amarelinha
( ) Pular corda
( ) Passa-anel
( ) Pega-pega
( ) Par ou ímpar
( ) Elefantinho colorido
( ) Pião
( ) Esconde-esconde

Entre essas brincadeiras, existe alguma que você não conhece?
Que tal brincar com uma delas no recreio?

Junte seus amigos e bom divertimento!

2 Complete o caracol e a amarelinha com os números que faltam.

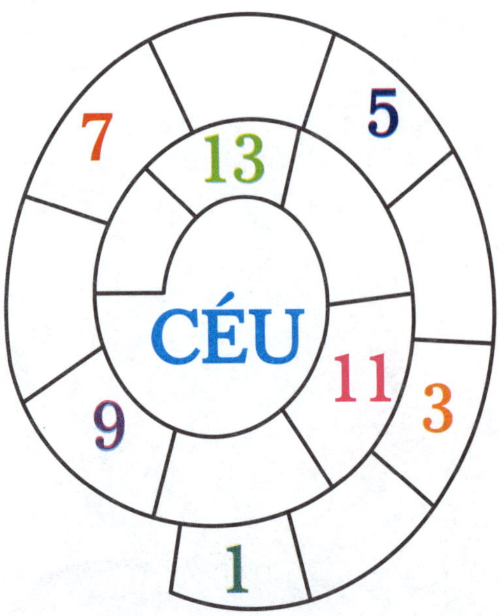

PENSANDO SOBRE OS NÚMEROS

Vamos aprender um pouco mais sobre os números até 400.

301	302	303	304	305	306	307	308	309	310
311	312	313	314	315	316	317	318	319	320
321	322	323	324	325	326	327	328	329	330
331	332	333	334	335	336	337	338	339	340
341	342	343	344	345	346	347	348	349	350
351	352	353	354	355	356	357	358	359	360
361	362	363	364	365	366	367	368	369	370
371	372	373	374	375	376	377	378	379	380
381	382	383	384	385	386	387	388	389	390
391	392	393	394	395	396	397	398	399	400

1 Observe o quadro, leia as questões abaixo e marque um **X** na resposta correta.

a) Todos os números do quadro têm 3 algarismos.

( ) verdadeiro ( ) falso

b) O número 355 é antecessor do número 356.

( ) verdadeiro ( ) falso

c) No número 394, o algarismo 3 ocupa a ordem das centenas.

( ) verdadeiro ( ) falso

d) Todos os números do quadro são formados por 4 centenas.

( ) verdadeiro ( ) falso

2 Vamos de desafio? Complete as peças do quebra-cabeça do quadro numérico.

301		
		313
321	322	

	365	
374		376
394	395	

378		380
	389	
398		

3 Agora, escreva os antecessores e sucessores das peças abaixo.

VOCÊ SABIA?

O primeiro quebra-cabeça foi criado em meados de 1760, por um inglês chamado John Spilsbury. Ele queria criar um mapa interativo usando madeira e o desenho de mapas.

Dois séculos e meio depois, esse material criado por ele ganhou desenhos de todos os tipos e milhares de peças e formatos.

4 Descubra o padrão e complete as peças que estão faltando.

PAR OU ÍMPAR

E por falar em brincadeiras... Você conhece o jogo par ou ímpar? Essa brincadeira é muito utilizada para decidir o primeiro a iniciar uma brincadeira ou em casos de empates.

VOCÊ SABIA?

O jogo par ou ímpar tem origem em outro jogo chamado morra, uma brincadeira muito antiga, criada em Roma, e popular até o dia de hoje. Nesse jogo, as pessoas faziam uma roda e mostravam uma mão, escolhendo entre 0 e 5 dedos. O ganhador era aquele que somava rapidamente o total de dedos e gritava o resultado mais rápido.

Que tal decidir quem vai começar a próxima brincadeira dessa forma?

1 Mateus e Bernardo vão jogar o Jogo dos Pontinhos. Para decidir quem vai começar, resolveram jogar par ou ímpar. Quem será que ganhou? Veja as dicas e tente descobrir:

- Mateus pediu ímpar.
- Bernardo pediu par.
- Mateus mostrou 1 dedo de sua mão.
- Bernardo exibiu 2 dedos.

Qual foi o total de dedos exibidos? ______________________________

É fácil descobrir se o número é par ou ímpar, basta olhar o último algarismo.

2 Após analisar todas as dicas acima, podemos afirmar que:

a) O resultado dessa jogada é: (   ) par   (   ) ímpar.

b) O ganhador dessa partida foi o ______________________________.

3 Pinte os números pares de azul e os números ímpares de vermelho. Lembre-se de olhar o último algarismo!

13 98 31 89
40 68
90
43 14 4 55
82
5 66
37
38 16

a) Agora coloque os números pares em ordem crescente.

____

b) Coloque os números ímpares em ordem decrescente.

____

4 Mateus e Bernardo continuaram a jogar par ou ímpar. Veja as jogadas e complete a tabela.

MATEUS **Pediu: par**	**BERNARDO** **Pediu: ímpar**	**TOTAL**	**GANHADOR**
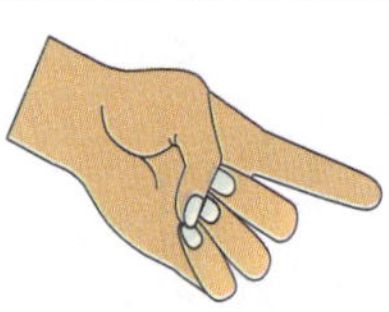	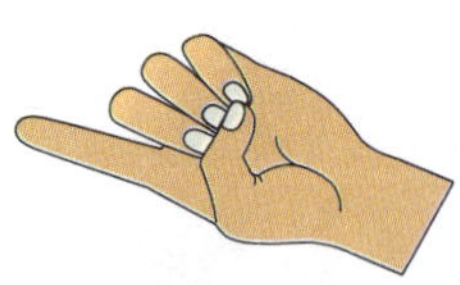	**2**	**MATEUS**
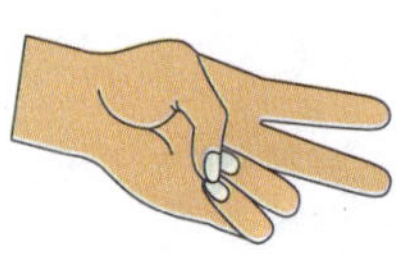	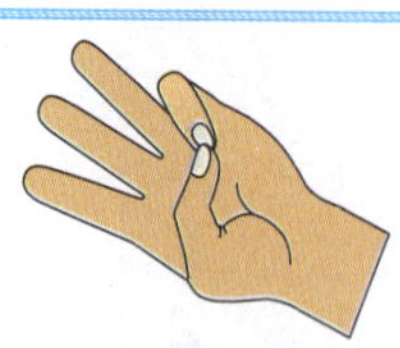		
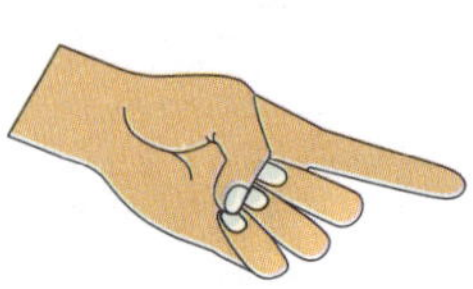	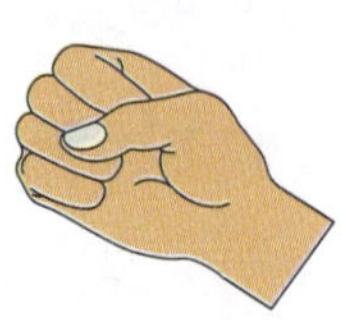		
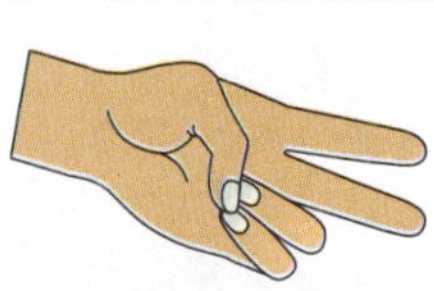	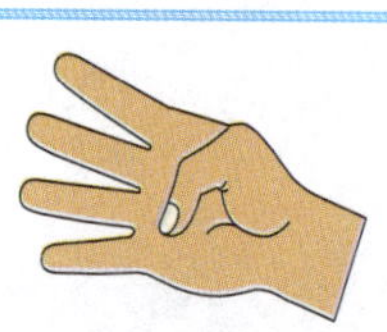		

5 Vamos jogar par ou ímpar? Escolha um(a) parceiro(a) para jogar e complete a tabela.

Jogador 1: ________ ( ) **Par** ( ) **Ímpar**	**Jogador 2:** ________ ( ) **Par** ( ) **Ímpar**	**RESULTADO**	**GANHADOR**

6 Circule formando pares e preencha o quadro seguindo o modelo.

(●●) (●●) (●●) (●●) ●	**9**	**ÍMPAR**
(●●) (●●) (●●) (●●)	**8**	**PAR**
●●●●●●●		
●●●●●●		
●●●●●		
●●●●		
●●●		
●●		
●		

Eduardo estava pensando sobre o nome dos números e descobriu algo interessante!

DEZESSETE → **10 + 7 = 17**

1 Resolva os cálculos e descubra.

10 + 9 = ____	20 + 1 = ____	30 + 5 = ____
10 + 8 = ____	20 + 2 = ____	30 + 8 = ____
10 + 7 = ____	20 + 3 = ____	30 + 3 = ____
10 + 6 = ____	20 + 4 = ____	30 + 4 = ____
10 + 5 = ____	20 + 5 = ____	30 + 2 = ____
10 + 4 = ____	20 + 6 = ____	30 + 6 = ____
10 + 3 = ____	20 + 7 = ____	30 + 1 = ____
10 + 2 = ____	20 + 8 = ____	30 + 9 = ____
10 + 1 = ____	20 + 9 = ____	30 + 7 = ____

CÁLCULO MENTAL

Se você quiser praticar um pouco mais, faça as atividades que estão no anexo.

Eduardo memorizou as adições que têm como resultado 10. Isso o está ajudando a calcular mentalmente ainda mais rápido. Veja como ele faz!

6 + 2 + 4 =

10

Então

10 + 2 = 12

2 Você lembra quais são os números que somados resultam 10?

1 + ______ = 10	6 + ______ = 10
2 + ______ = 10	7 + ______ = 10
3 + ______ = 10	8 + ______ = 10
4 + ______ = 10	9 + ______ = 10
5 + ______ = 10	10 + ______ = 10

3 Então, agora, faça como Eduardo.

1 + 5 + 9 = ______	8 + 5 + 2 = ______
4 + 3 + 6 = ______	7 + 3 + 1 = ______
4 + 6 + 6 = ______	9 + 5 + 5 = ______

COMPOSIÇÃO E DECOMPOSIÇÃO

O que significa compor um número? E decompor?

Como você comporia o número **99**?

Para ajudar, existe um material muito interessante! Vamos conhecer?

As fichas sobrepostas servem para representar números. Com elas, compomos (montamos) e decompomos (desmontamos) os números de muitas formas. Elas são compostas de fichas representando a unidade, a dezena, a centena e o milhar.

Para compor o número **99**, por exemplo, pegamos a ficha 90 e a ficha 9, colocando a unidade em cima do algarismo 0

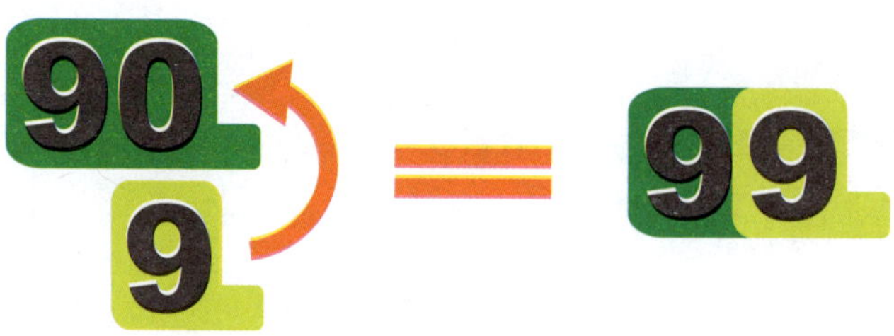

Quando separamos as fichas que representam o número **99**, podemos registrá-lo com esta sentença matemática:

$$99 = 90 + 9$$

1 Vamos treinar mais? Usando as suas fichas sobrepostas, quais você usaria para representar:

- o número 78?
- o número 157?
- o número 395?
- o número 409?

2 Vimos que há muitas formas de representar o número, seja com o Material Dourado, seja agora com as fichas sobrepostas. Veja a tabela, observe o exemplo e complete desenhando os materiais.

	MATERIAL DOURADO	FICHAS SOBREPOSTAS
267	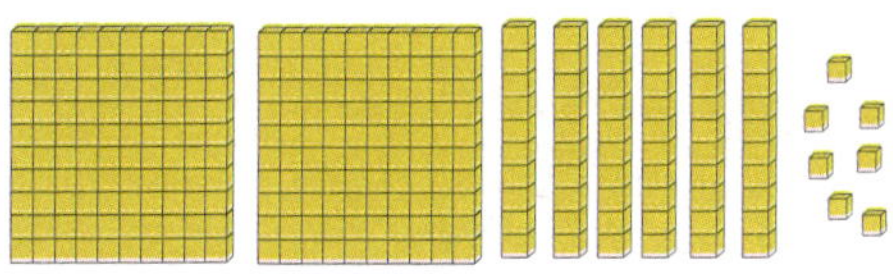	
85		
370		
129		
434		
671		

3 Agora é a sua vez de decompor os números seguindo o exemplo.

33 = 30 + 3

a) 17 = ________ + ________

b) 59 = ________ + ________

c) 44 = ________ + ________

d) 99 = ________ + ________

e) 152 = ________ + ________ + ________

f) 181 = ________ + ________ + ________

4 Observe o número abaixo:

a) Que número é esse? Escreva-o por extenso: ________________________________

____

b) Quanto vale o algarismo 2?

( ) 2 unidades.

( ) 2 dezenas ou 20.

( ) 2 centenas ou 200.

c) Qual é o menor algarismo desse número? ________________________

d) Decomponha o número 214 desenhando as fichas no espaço abaixo:

1 Eduardo usa as fichas sobrepostas para fazer algumas adições por meio da decomposição. Esse é um jeito diferente de calcular e que também poderá lhe ajudar no dia a dia.

Leia as dicas escritas por ele e veja o exemplo.

1º Decomponha cada parcela em dezenas e unidades.
2º Some somente as dezenas.
3º Depois some apenas as unidades.
4º Adicione o total para encontrar o resultado final.

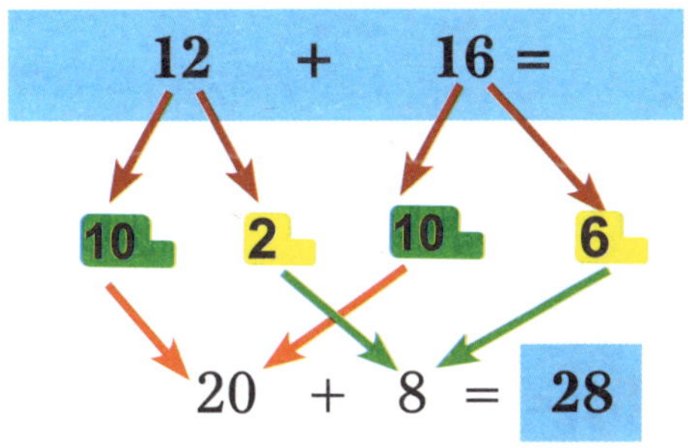

33 + 14 =	22 + 15 =
24 + 31 =	**42 + 46 =**

2 Vamos continuar a calcular decompondo os números. Se precisar, utilize as fichas sobrepostas.

44 + 31 =	22 + 66 =
31 + 67 =	28 + 51 =
13 + 81 =	73 + 22 =

DESAFIO

152 + 234 =

CÁLCULO MENTAL

Se você quiser tornar-se mais ágil ao calcular, pratique fazendo as atividades que estão no anexo.

VOCÊ SABIA?

Uma das maiores empresas de blocos de montar decidiu não usar mais o plástico para fazer os seus produtos. Essa substituição acontecerá aos poucos, até 2030. A empresa dinamarquesa está desenvolvendo uma alternativa sustentável para o plástico nos seus brinquedos, a partir de uma mistura de madeira e cana-de-açúcar.

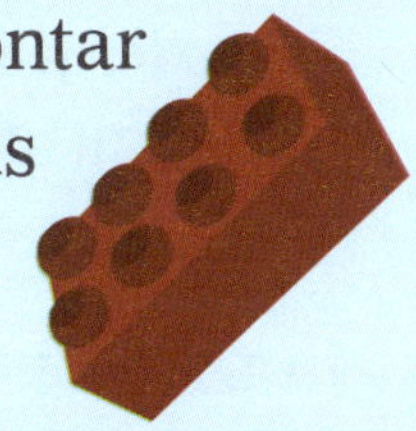

1 Guilherme está montando uma nave espacial usando blocos e deve consultar o manual de instruções para ver quais peças precisa usar em cada parte dela. Na primeira parte, usará as peças abaixo. Veja a tabela e confira a quantidade de cada uma:

23 peças	**12 peças**	**4 peças**

Quantas peças ele usará?

SENTENÇA MATEMÁTICA

RESPOSTA: ____________________

2 Luiz adora construir coisas com sucata. Ele resolveu fazer um castelo utilizando rolos de papel higiênico e de papel-toalha. Para conseguir juntar uma grande quantidade, ele pediu a seus amigos e familiares que o ajudassem a reunir esse material.

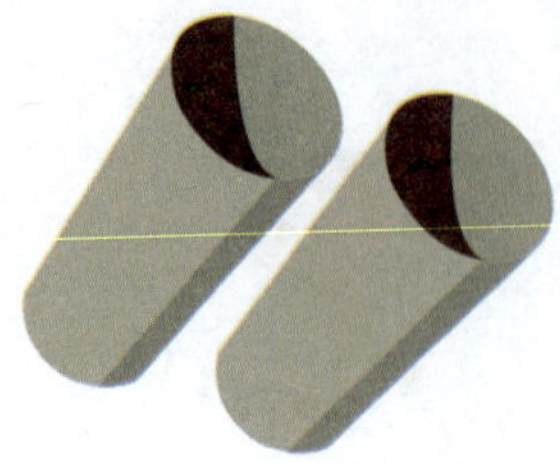

a) Na primeira semana, ele conseguiu recolher 21 rolos. Na segunda semana, Luiz arrecadou 13 e, na terceira semana, reuniu mais 22 rolos. Quantos rolos ele conseguiu arrecadar em três semanas?

SENTENÇA MATEMÁTICA

RESPOSTA:

b) Os vizinhos de Luiz ficaram animados com a ideia e resolveram se juntar a ele. Claudia trouxe 13 rolos e João, 10. Com quantos rolos eles ficaram?

SENTENÇA MATEMÁTICA

RESPOSTA:

c) Quantos rolos Claudia trouxe a mais que João?

SENTENÇA MATEMÁTICA

RESPOSTA:

d) Para fazer a torre mais alta, eles continuaram arrecadando rolos com os amigos e familiares. Na quarta semana, conseguiram juntar mais 75 rolos, porém perceberam que 24 estavam rasgados. Quantos rolos eles conseguirão usar?

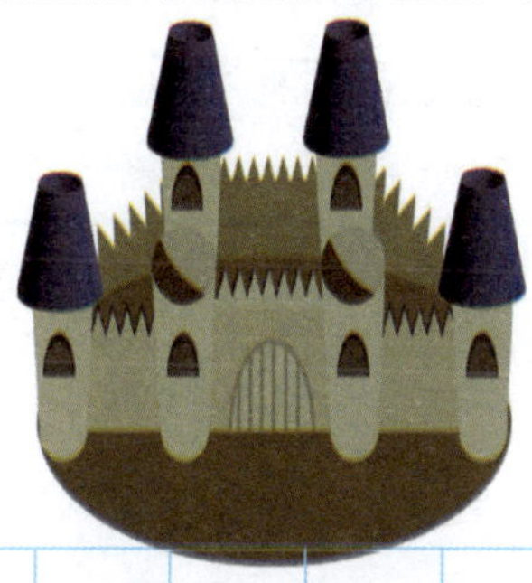

SENTENÇA MATEMÁTICA

RESPOSTA:

3 Antônio quer montar um quebra-cabeça de 350 peças.

a) No primeiro dia, ele conseguiu montar 120. No dia seguinte, ele conseguiu mais 110 peças. Quantas peças ele conseguiu montar nesses dois dias?

SENTENÇA MATEMÁTICA

RESPOSTA: ______________________________

b) Sabendo que o quebra-cabeça de Antônio tem 350 peças, quanto falta para ele completar?

SENTENÇA MATEMÁTICA

RESPOSTA: ______________________________

4 Quais sentenças matemáticas devem ser usadas para resolver os problemas abaixo? Pinte as corretas.

a) Na hora do recreio, 31 crianças resolveram brincar juntas e fizeram uma votação para escolher a brincadeira, porém 24 votaram no pega-pega e 7, no esconde-esconde. Qual foi a diferença de votos entre as brincadeiras?

24 – 7 =	31 – 24 =
24 + 7 =	31 – 7 =

b) Ana e Matheus são gêmeos e vão comemorar o aniversário com uma festa com gincanas. De suas 17 amigas, Ana convidou 9. Já seu irmão, de seus 10 amigos, convidou 8. Quantas crianças foram convidadas?

17 + 9 + 10 + 8 =	17 + 10 =
9 + 8 =	9 – 8 =

c) Todos os alunos da professora Fabíola estão brincando de dança das cadeiras. Eles sabem que é necessário ter uma cadeira a menos que o número de participantes. Dos 29, 14 já saíram. Quantas cadeiras havia na rodada inicial?

29 + 1 =	29 – 1 =
29 – 14 =	29 + 14 =

5 Em cada caixinha foram guardados 10 clipes.

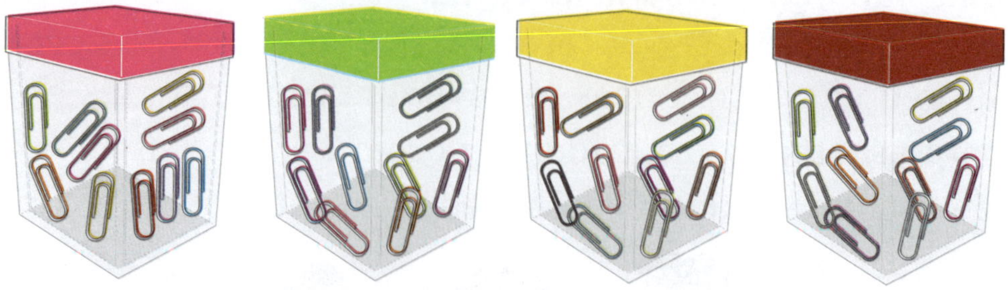

a) Há quantas caixas com 10 clipes? ______________________

b) Quantos clipes estão fora das caixas? ______________________

c) Há quantos clipes no total? ______________________

6 Circule os objetos, formando grupos de 10 e complete:

Dezenas	Unidades

Dezenas	Unidades

CAPÍTULO 5

O quadro de números chegou até o 500!

O seu desafio neste capítulo será calcular números maiores, interpretar diferentes situações-problema e continuar aplicando suas habilidades nas questões matemáticas.

Você vai aprender a multiplicar e muitas contas irá realizar!

Oi, Daniel!

Este é o código secreto para decifrar a mensagem. Assim que descobrir o que quero dizer, por favor, destrua-o.

0	1	2	3	4	5	6	7	8	9	10
A	U	N	I	S	F	E	T	J	O	B

Venha se divertir comigo na animada...

10 – 5 =	8 – 2 =	5 – 1 =	9 – 2 =	5 – 5 =

10 – 2 =	7 – 6 =	6 – 4 =	9 – 6 =	4 – 2 =	5 – 5 =

Um abraço, 10 6 7 9

VOCÊ SABIA?

No Brasil, as comemorações juninas tiveram início a partir do século 16, ou seja, depois de 1500, quando as tradições populares em Portugal e Espanha foram trazidas para cá pelos portugueses durante o processo de colonização.

1 Este é o convite que o Daniel recebeu. Observe-o e encontre os números que indicam:

a) Preço do convite: ____________ b) Mês: ____________

c) Dia: ____________ d) Horário: ____________

e) Qual a função do número 587? ____________

____

2 Para se prepararem para a Festa Junina, Daniel e seus amigos precisavam de roupas adequadas. Veja abaixo algumas opções:

Roupas para a Festa Junina

Vestido infantil.........R$ 35,00	Calça.................R$ 45,00
Vestido adulto..........R$ 40,00	Chapéu..............R$ 15,00
Camisa infantil........R$ 20,00	Gravata.............R$ 10,00
Camisa adulto..........R$ 30,00	Bota...................R$ 60,00

a) Pinte o item mais BARATO:

VESTIDO INFANTIL	CALÇA	CHAPÉU

b) Agora pinte o mais CARO:

CAMISA ADULTO	GRAVATA	CAMISA INFANTIL

PENSANDO SOBRE OS NÚMEROS

Vamos aprender um pouco mais sobre os números até 500.

401	402	403	404	405	406	407	408	409	410
411	412	413	414	415	416	417	418	419	420
421	422	423	424	425	426	427	428	429	430
431	432	433	434	435	436	437	438	439	440
441	442	443	444	445	446	447	448	449	450
451	452	453	454	455	456	457	458	459	460
461	462	463	464	465	466	467	468	469	470
471	472	473	474	475	476	477	478	479	480
481	482	483	484	485	486	487	488	489	490
491	492	493	494	495	496	497	498	499	500

1 Rafael e Cris estavam brincando de "adivinhe os números", que continha alguns desafios. Ajude-os a resolvê-los.

Qual é o menor número formado por três algarismos diferentes? ______

Qual é o número maior que 400 e menor que 500 que tem três algarismos iguais? ______

Qual é o menor número formado por três algarismos? ______

Qual é o número que vem imediatamente antes do 500? ______

Que número tem 7 unidades a mais que 424? ______

Que números estão imediatamente antes e depois do 450? ______ ______

2 Complete com os antecessores e os sucessores dos números abaixo:

	89	
	123	
	246	
	340	

	274	
	299	
	400	
	485	

3 Vamos decompor? Complete o quadro com as informações que faltam. Se precisar, pegue as suas fichas sobrepostas.

Número escrito por extenso	Número escrito com algarismos	Número decomposto
Quatrocentos e quarenta e três		
	376	
		100 + 20 + 7
	482	
		200 + 30 + 5
Trezentos e vinte e um		

MULTIPLICAÇÃO

Há muitas formas de resolver problemas, sendo que uma delas é usando a multiplicação. Vamos aprender mais?

Para a barraca do derruba-latas, os organizadores pensaram em fazer 3 kits, cada um com 6 latas.

De quantas latas eles precisarão?

Para ajudar a responder a essa pergunta, João fez uma adição:

$$6 + 6 + 6 = 18$$

Você percebeu que o número 6 aparece 3 vezes? Podemos resolver diferente, usando a dica do Luiz, fazendo uma multiplicação:

3 VEZES O NÚMERO 6 É IGUAL A 18.

OU

$$3 \times 6 = 18$$

A multiplicação é uma forma reduzida de escrever uma adição de parcelas iguais.

CÍRCULOS E ESTRELAS

Regra do jogo

Participantes: 2 pessoas.

Objetivo do jogo: fazer o maior número de pontos.

Material necessário: 2 dados

- Após decidir quem iniciará o jogo, o participante joga o primeiro dado e desenha a quantidade de círculos correspondente ao número que sair.
- Logo em seguida, joga o segundo dado, desenhando dentro de cada círculo a quantidade de estrelas correspondente ao número que sair. Se preferir, as estrelas podem ser trocadas por bolinhas ou risquinhos.
- Assim que terminar o desenho, o jogador registra ao lado a sentença matemática da multiplicação, calculando o resultado. Veja o exemplo na tabela abaixo.
- Os participantes vão alternando as suas jogadas até completar a tabela.
- Ao final do jogo, cada participante deverá somar o total de pontos. Ganha o jogador que fizer mais pontos.

Pontos dos dados	Multiplicação
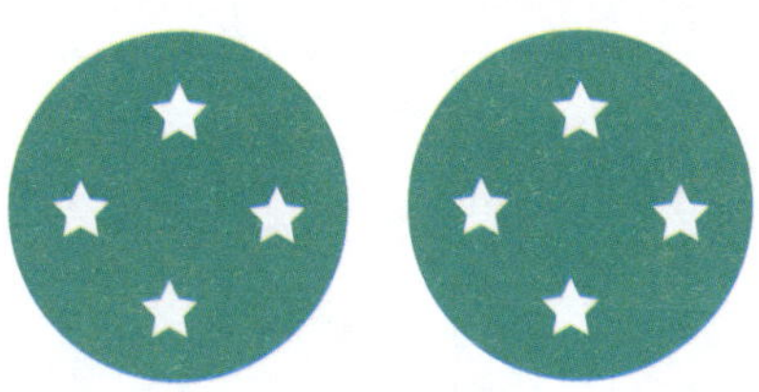	2 x 4 = 8
	3 x 6 = 18
	2 x 5 = 10

JOGADA 1

Pontos dos dados	Multiplicação
Total de pontos:	

JOGADA 2

Pontos dos dados	Multiplicação
Total de pontos:	

JOGADA 3

Pontos dos dados	Multiplicação
Total de pontos:	

JOGADA 4

Pontos dos dados	Multiplicação
Total de pontos:	

Eduardo memorizou o resultado das adições de dois números iguais. Isso o está ajudando a calcular mentalmente ainda mais rápido. Veja como ele faz!

5 + 6 =

5 + 1

Eu sei que

5 + 6 =

5 + 5 + 1

10 + 1 = 11

Então

5 + 6 = 11

Agora é sua vez!

1 + 1 = ________	1 + 2 = ________
2 + 2 = ________	2 + 3 = ________
3 + 3 = ________	3 + 4 = ________
4 + 4 = ________	4 + 5 = ________
5 + 5 = ________	5 + 6 = ________
6 + 6 = ________	6 + 7 = ________
7 + 7 = ________	7 + 8 = ________
8 + 8 = ________	8 + 9 = ________
9 + 9 = ________	9 + 10 = ________

VOCÊ SABIA?

Antigamente, as pessoas prendadas, ou seja, habilidosas, levavam seus itens domésticos para trocarem durante a Festa Junina. Hoje em dia, a prenda é um pequeno prêmio dado aos ganhadores nas barracas da festa.

1 Chegou o dia da Festa Junina! As prendas que serão distribuídas nas barracas chegaram em caixas, mas é preciso colocar nelas as etiquetas indicando a quantidade de cada uma. O colaborador que fará isso sabe que há as seguintes quantidades:

Considerando os diferentes tamanhos das caixas, ajude-o escrevendo os números de prendas que há em cada uma delas. Depois, circule a caixa em que há um número ímpar de prendas.

2 Para a barraca da pescaria, os peixes foram feitos reutilizando materiais que iam para o lixo. As crianças estão numerando os peixes dentro do intervalo de 4 a 32, seguindo um padrão. Que número Tiago precisa colocar no peixe que está em destaque?

3 Na festa junina, o bingo foi a brincadeira mais escolhida entre os alunos do 2º ano.

Em uma rodada, parece que houve um empate. Para ter certeza, será necessário conferir as cartelas, pois os jogadores não marcaram os mesmos números.

Para descobrir quem ganhou, leia as pistas abaixo, descubra os números e indique com uma seta qual é a cartela do vencedor.

a) Número que tem exatamente 5 centenas.
b) Número com 4 centenas e 1 unidade.
c) Número com 450 unidades.
d) Número em que o 2 está na casa das unidades, o 4 está na casa das centenas e o 9 está na casa das dezenas.
e) Número em que o 8 está na casa das dezenas, o 4 está na casa das centenas e o 9 está na casa das unidades.

B	I	N	G	O
500	492	450	401	489

B	I	N	G	O
401	500	540	249	849

4 Para a barraca da canaleta, as bolinhas podem cair nos números abaixo. Sabendo que os números aumentam seguindo um padrão, em quais as bolas caíram? Assinale as alternativas corretas.

427	432	437	442		452	457		467

( ) 443 ( ) 447 ( ) 451 ( ) 446

( ) 458 ( ) 466 ( ) 460 ( ) 462

5 Na barraca das argolas, cada cor tem um valor diferente. Para pontuar, é necessário acertar o pino. A figura mostra os cinco lançamentos feitos por Giovana.

COR	VALOR
AMARELO	10 PONTOS
AZUL	15 PONTOS
PRETO	20 PONTOS
VERDE	25 PONTOS
VERMELHO	30 PONTOS

a) Quantos pontos ela fez? ____________________

b) Qual foi a 1ª argola lançada? ____________________

c) Qual foi a 5ª argola lançada? ____________________

d) Patrícia, amiga de Giovana, fez 40 pontos usando duas argolas da mesma cor. De que cor eram as argolas que ela acertou? ____________________

e) Caio, irmão de Patrícia, fez 50 pontos usando argolas de cores diferentes. De que cor eram as argolas que ele acertou? ____________________

6 Clara e Marco estão brincando de corrida do saco. Até o momento, Clara está vencendo. Cada vez que ela pula uma casa, Marco pula duas casas. Marque como terminarão as partidas.

1ª partida

1	2	3	4	5	6	7	8	9	10	11	12	13	14	15	CHEGADA

( ) Clara vencerá. ( ) Marco vencerá. ( ) Eles chegarão juntos.

2ª partida

1	2	3	4	5	6	7	8	9	10	11	12	13	14	15	CHEGADA

( ) Clara vencerá. ( ) Marco vencerá. ( ) Eles chegarão juntos.

3ª partida

1	2	3	4	5	6	7	8	9	10	11	12	13	14	15	CHEGADA

( ) Clara vencerá. ( ) Marco vencerá. ( ) Eles chegarão juntos.

7 Além das brincadeiras, as crianças também gostam muito das comidas vendidas nas barracas. Miguel, Vitor e Letícia precisam de ajuda para calcular quanto gastarão.

a) Resolva os desafios e descubra quanto custa cada item:

= 30 reais Cada milho custa: ____________________

= 18 reais A maçã do amor custa: ____________________

= 12 reais A pipoca custa: ____________________

b) Agora que você descobriu o valor de cada item, calcule quanto as crianças gastarão na barraca das comidas.

MIGUEL

= ____________________

VITOR

= ____________________

LETÍCIA

= ____________________

VOCÊ SABIA?

Antigamente, no mês de junho, o fim do trabalho braçal nos campos trazia muita fartura às mesas dos trabalhadores. Hoje em dia, a quantidade e a variedade de comidas típicas na Festa Junina acontecem em referência a isso. O milho, que é muito comum nas barracas de comida, ficou famoso graças a sua colheita, que acontece exatamente nessa época do ano.

1 A Festa Junina da escola de Carlos foi um sucesso! Os alunos comeram diferentes tipos de comida durante a festa. Estava tudo delicioso! Havia 115 brigadeiros, 80 cachorros-quentes, 51 pés de moleque, 75 espetinhos de carne e 30 paçocas. Quantos doces havia?

SENTENÇA MATEMÁTICA

RESPOSTA: ________________________________

2 Os alunos podiam brincar à vontade nas barracas e ganhavam uma prenda como participação. João e Carlos brincaram em 9 barracas e receberam, juntos, 68 prendas. Depois da festa, deram 33 prendas repetidas para seus colegas. Com quantas prendas eles ficaram?

SENTENÇA MATEMÁTICA

RESPOSTA: ________________________________

3 No dia da Festa Junina, havia 368 ingressos. Foram vendidos 311. Quantos ingressos sobraram?

SENTENÇA MATEMÁTICA

RESPOSTA: ______________________________

4 Para apresentar a dança, a professora organizou seus alunos em 6 rodas com 4 crianças em cada. Quantos alunos participarão dessa apresentação?

SENTENÇA MATEMÁTICA

RESPOSTA: ______________________________

5 Os alunos gostaram de se divertir no jogo das argolas. Era muito desafiador marcar pontos! Murilo marcou 15 pontos na primeira jogada, seu amigo Roberto marcou 30 pontos e Carlos marcou 20 pontos. Quantos pontos eles marcaram juntos? Pinte a sentença matemática adequada para resolver esse problema.

15 + 20	15 + 20 + 30	30 + 15

6 A turma da professora Silvia e seus 29 alunos fizeram bandeirinhas para enfeitar a escola. As meninas fizeram 110 bandeirinhas e os meninos fizeram 30 a mais que elas. Quantas bandeirinhas os meninos fizeram? Pinte a sentença matemática adequada para resolver esse problema.

29 + 110 + 30	110 + 30	110 – 30

7 Gustavo comprou 3 saquinhos com 4 paçocas em cada. Com quantas paçocas ele ficou?

SENTENÇA MATEMÁTICA

RESPOSTA: ______________________________

CAPÍTULO 6

Neste capítulo, retomaremos as ordens crescente e decrescente e também os números antecessores e sucessores.

Faremos cálculos mental e por decomposição. Resolveremos também situações-problema, tabuada do 2 e dobro. E, para finalizar, o nosso quadro numérico não pode faltar!

NÚMEROS POR TODA PARTE

VOCÊ SABIA?

Muitas pessoas gostam de colecionar diferentes objetos. Há colecionadores de chaveiros, ímãs de geladeira, rótulos de bebidas, moedas e cédulas antigas, de bonecas, heróis, livros, discos, bolas de futebol e por aí vai. É um mundo infinito do que se pode colecionar.

Há também sites que facilitam a troca de informações entre colecionadores e ainda auxiliam na compra e venda de itens para ajudar a aumentar o seu acervo.

Você coleciona algo ou conhece alguém que tem uma coleção?

Escolha 3 pessoas e entreviste-as, complete a tabela com as informações.

Nome do entrevistado	O que coleciona?	Como começou a coleção?	Total de itens

PENSANDO SOBRE OS NÚMEROS

No final do seu livro, há um quadro numérico com valores mais altos. Você poderá consultá-lo, se precisar, para fazer as atividades a seguir.

1 Complete com os sucessores.

99	
199	
299	
399	
499	
599	
699	
799	
899	
999	

2 Você consegue adivinhar qual é o número?

a) Está entre 500 e 504 e é par: __________

b) Está entre 620 e 623 e é ímpar: __________

c) Está entre 731 e 735 e é ímpar: __________

d) Está entre 890 e 893 e é par: __________

3 Qual é o maior e qual é o menor número que podemos formar usando os algarismos abaixo?

Maior número				
Menor número				

4 Escreva três números que somados resultem 15. Depois escreva o maior número possível formado por eles.

1 ___ 5 ___ 9 ___ = 15
951

___ ___ ___ = 15
______

___ ___ ___ = 15
______

___ ___ ___ = 15
______

5 Descubra a saída do labirinto seguindo os números do maior para o menor.

318	358	448	648	729	601
201	401	340	752	Você está aqui	620
158	101	321	222	742	547
109	95	155	539	555	700
← Saída	51	91	600	107	513
58	100	176	376	542	611

ALGORITMO DA ADIÇÃO

Sabemos que podemos usar várias estratégias para realizar uma adição. Vamos aprender mais uma?

Para calcular a adição **56 + 42**, usamos o quadro de ordens.

	D	U	
	5	6	
+	4	2	
	9	8	→ RESULTADO

1 Resolva as adições no quadro de ordens.

a) 41 + 53 = ______________

	D	U
+		

b) 35 + 24 = ______________

	D	U
+		

c) 62 + 20 = ______________

	D	U
+		

d) 23 + 72 = ______________

	D	U
+		

2 Calcule as adições.

a) 33 + 35 = ____________

	D	U
+		

b) 12 + 87 = ____________

	D	U
+		

c) 20 + 31 = ____________

	D	U
+		

d) 61 + 20 = ____________

	D	U
+		

e) 74 + 24 = ____________

	D	U
+		

f) 30 + 30 = ____________

	D	U
+		

3 Para calcular uma adição com centena, basta continuar a preencher o quadro de ordens a partir da unidade.

a) 134 + 242 = ______________

	C	D	U
+			

b) 271 + 316 = ______________

	C	D	U
+			

c) 614 + 54 = ______________

	C	D	U
+			

d) 504 + 45 = ______________

	C	D	U
+			

e) 234 + 403 = ______________

	C	D	U
+			

Assim como há diversas formas de resolver uma adição, o mesmo acontece na subtração. Eduardo tem algumas estratégias para calcular por meio da decomposição.

Leia com atenção as dicas dadas por ele.

1ª DICA

1º Decomponha cada parcela em dezenas e unidades.

2º Subtraia somente as dezenas.

3º Depois subtraia apenas as unidades.

4º Mesmo sendo uma subtração, ao final precisamos adicionar a dezena à unidade para encontrar o resultado final.

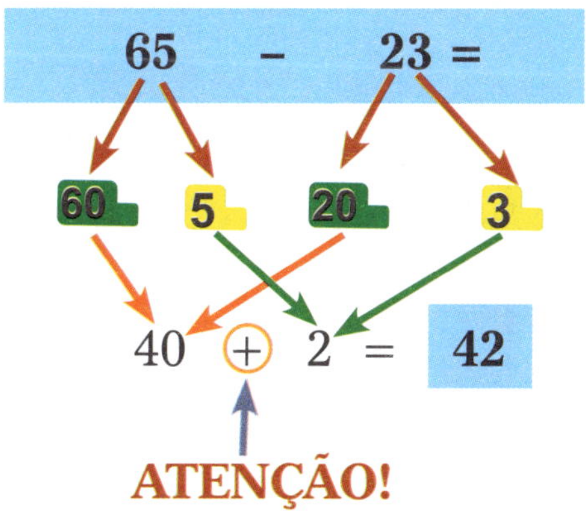

2ª DICA

1º Decomponha **apenas a primeira parcela**, desmontando a dezena de 10 em 10 e as unidades de 1 em 1.

2º Risque a quantidade de dezenas e unidades representadas na **segunda parcela**.

3º Adicione as dezenas que não foram riscadas.

4º Faça o mesmo com as unidades.

5º Adicione o total de dezenas e unidades para encontrar o resultado.

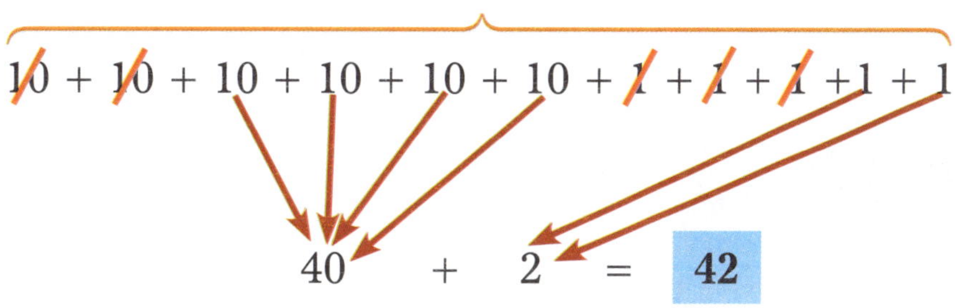

Qual estratégia você prefere usar?

Resolva os cálculos abaixo utilizando uma das estratégias apresentadas.

47 - 22 =

35 - 13=

64 - 33 =

42 - 11 =

87 - 54 =

A escola de Rafael organiza uma Feira de Multiplicações anualmente. Os alunos precisam trazer as suas coleções e registrar uma sentença matemática para mostrar a multiplicação.

1 Rafael resolveu levar a sua coleção de chaveiros. Ele a organiza em caixas velhas de sapato, mas está com dificuldade para registrar a multiplicação. Ajude-o registrando a sentença matemática.

2 Sua amiga Juliana se animou e trouxe a sua coleção também. Veja como ela organizou e registre a sentença.

VOCÊ SABIA?

Há pessoas que consideram o colecionismo uma paixão tão grande que esse *hobby* se torna o significado da própria vida. Então, se está determinado a criar uma coleção, mas ainda não sabe o que colecionar, você pode encontrar algumas ideias acessando este QR Code.

DOBRO

Você já ouviu falar em dobro? Veja abaixo:

Há 4 carrinhos na caixa menor.

A embalagem maior tem o dobro dessa quantidade.

Portanto, a caixa maior tem __________ carrinhos.

Ou seja, o dobro é **2 vezes** algum valor. Você pode calcular de duas formas:

$$2 \times 4 = 8 \quad \text{OU} \quad 4 + 4 = 8$$

1 Observe a imagem.

O que ele está dizendo está correto? Explique sua resposta.

____

____

2 Leia e marque um **X** nas frases certas.

Joana tem 7 anos de idade e João tem 14. Então:

(   ) João tem o dobro da idade de Joana.

(   ) Joana tem o dobro de idade de João.

(   ) João tem 2 vezes a idade de Joana.

TABUADA DO 2

1 x 2 = ______	6 x 2 = ______
2 x 2 = ______	7 X 2 = ______
3 x 2 = ______	8 x 2 = ______
4 x 2 = ______	9 x 2 = ______
5 x 2 = ______	10 x 2 = ______

Observe as multiplicações e complete com desenhos do jogo Círculos e Estrelas.

9 x 2	
6 x 2	
2 x 2	
1 x 2	

Bernardo coleciona muitos bonés e está difícil saber quantos itens há em sua coleção.

1 Olhando rapidamente, sem contar, quantos bonés você estima ter a sua coleção?

2 Agora, sem contar de 1 em 1, ajude o Bernardo a agrupar os bonés de maneira que facilite a contagem.

3 O total de bonés é: ______________________

1 Estes problemas não podem ser resolvidos, pois faltam informações. Você consegue descobrir o que falta?

a) **Gabriela coleciona pulseiras de todos os tipos. Ela já tem 332. No último fim de semana, sua tia veio visitá-la e trouxe mais algumas de presente. Com quantas pulseiras Gabriela ficou?**

✦ Qual é a informação que falta? ______________________________

____

b) **João coleciona cartas de Pokémon. A fim de lhe ajudar, sua família se organizou para presenteá-lo com mais 113 cartas. Quantas cartas de Pokémon ele tem ao todo agora?**

✦ Qual é a informação que falta? ______________________________

____

2 Ricardo e sua mãe gostam de colecionar ímãs de geladeira. Eles têm 21 ímãs de bandeiras de países, 45 ímãs de fotos e 12 ímãs de bichinhos. Quantos ímãs tem a coleção deles?

SENTENÇA MATEMÁTICA

✦ Marque com um **X** a resposta mais adequada para esse problema, completando com o resultado obtido acima.

( ) A resposta é ______________ ímãs.

( ) A coleção deles tem ______________.

( ) A coleção deles tem ______________ ímãs de fotos, bandeiras de países e bichinhos.

3 Ana tinha 280 reais e gastou, dessa quantia, três notas de 20 reais para comprar uma boneca rara para a sua coleção. Quantos reais sobraram?

SENTENÇA MATEMÁTICA

✦ Marque com um **X** a resposta mais adequada para esse problema, completando com o resultado obtido acima.

( ) Sobraram ______________.

( ) Ana gastou ______________ reais.

( ) Sobraram ______________ reais.

4 Para organizar sua coleção de cartas de Pokémon, Carlos colocou as cartas em 5 saquinhos. Em cada saquinho, ele colocou 8 cartas. Quantas cartas ele conseguiu organizar?

SENTENÇA MATEMÁTICA

RESPOSTA: ______________________________

5 Ana coleciona bonecas e cuida delas com muito carinho. Ela costuma organizá-las nas 7 prateleiras de seu quarto, deixando sempre 5 bonecas em cada uma. Quantas bonecas Ana tem ao todo?

SENTENÇA MATEMÁTICA

RESPOSTA: ______________________________

6 Tiago é músico e ama colecionar discos antigos. Ele já tem 524. Este ano ele decidiu aumentar a sua coleção comprando 5 discos antigos em cada mês.

a) Quantos discos antigos ele conseguiu comprar até o momento?

SENTENÇA MATEMÁTICA

RESPOSTA: ______________________________

b) Quantos discos antigos sua coleção tem até o momento?

SENTENÇA MATEMÁTICA

RESPOSTA: ______________________________

CAPÍTULO 7

Quantos aprendizados até aqui, não é verdade? Neste capítulo, você vai dividir, multiplicar, somar e subtrair.

Dúzia, meia dúzia, metade, dezena também estarão por aqui!

NÚMEROS POR TODA PARTE

Checklist para festa

4 meses antes:

( ) Observar o salão de festas
( ) Orçar as comidas e bebidas
( ) Fazer a lista de convidados
( ) Orçar recreadores

1 mês antes:

( ) Mandar os convites
( ) Encomendar as comidas e bebidas
( ) Comprar as lembrancinhas
( ) Fazer ou comprar a decoração

1 semana antes:

( ) Confirmar a presença dos convidados
( ) Fazer o pagamento dos fornecedores
( ) Pensar na roupa
( ) Verificar o que está faltando

No dia da festa:

( ) Verificar a decoração do salão e entrega dos fornecedores
( ) Se arrumar com antecedência

1 Para organizar uma festa, é necessária muita organização! É possível observar diversos números nesse *checklist*, todos com a função de:

( ) medir o comprimento.

( ) medir o tempo.

( ) contar a quantidade.

( ) medir a massa.

2 Que palavras ajudaram você a chegar a essa conclusão?

3 Você conhece outras palavras que também são usadas para marcar o tempo?

PENSANDO SOBRE OS NÚMEROS

No fim de seu livro, há um quadro numérico com valores mais altos. Você poderá consultá-lo, se precisar, para fazer as atividades a seguir.

1 Complete com os antecessores.

	100
	200
	300
	400
	500
	600
	700
	800
	900
	1000

2 Utilize os três algarismos para formar o **MAIOR** número **PAR** possível.

1 2 3

6 8 9

5 7 6

0 1 2

3 Pinte os números que estão entre 600 e 700. Em seguida, escreva em ordem decrescente somente os números pintados.

197	637	539	294	612	681	704	830	653

____

4 Marque a opção que deve ser efetuada para transformar:

a) 365 em 370

☐ adicionar 10 ☐ subtrair 5 ☐ adicionar 5

b) 539 em 540

☐ adicionar 1 ☐ subtrair 1 ☐ adicionar 10

c) 800 em 900

☐ adicionar 10 ☐ adicionar 100 ☐ subtrair 100

5 Observe os números do quadro e pinte de acordo com a legenda. Depois, escreva todos os números em ordem crescente.

216	**8**	**381**
725	**463**	**91**
53	**77**	**624**

(marrom)	O maior número.
(amarelo)	O número que tem 5 dezenas e 3 unidades.
(azul)	O menor número.

____

____

6 Ligue os números à etiqueta correspondente.

658	É o maior número.
739	É par.
923	A soma de seus algarismos é 13.
841	É o antecessor de 740.

NÚMEROS ORDINAIS

Na festa de Juliana, a pintura facial fez sucesso! Para as crianças não perderem muito tempo na fila, a monitora fez uma tabela para as crianças escreverem seus nomes e ela poder atendê-las respeitando a ordem de chegada.

1 Complete a tabela com os números ordinais que estão faltando.

PINTURA FACIAL									
1ª	2ª	3ª		5ª		7ª		9ª	10ª
			14ª				18ª		
21ª					26ª			29ª	

2 Sabendo que o menino que está pintando o rosto agora é o 17º da fila, preencha as frases abaixo escrevendo o número por extenso.

O menino que está com o sorvete é o ______________________ da fila.

O menino que está com as bexigas é o ______________________ da fila.

O menino que está com o algodão-doce é o ______________________ da fila.

DIVISÃO

Juliana precisa distribuir os 15 doces que estão na caixa de modo que as 3 bandejas fiquem com a mesma quantidade.

$$15 \div 3 = 5$$

Quantidade de doces

Quantidade de doces em cada bandeja

Quantidade de bandejas

Na matemática, o sinal $\div$ indica uma **divisão**.

Divisão significa dividir, repartir ou distribuir igualmente.

Fique atento(a) a essas palavrinhas: elas dão uma pista para saber quando devemos fazer uma divisão.

1 Juliana vai amarrar as bexigas de sua festa em fios na parede. Divida igualmente as 14 bexigas nos dois fios.

a) Quantas bexigas foram colocadas em cada fio? ________________

b) Qual é a sentença matemática que representa essa divisão? ____________

2 Divida igualmente os 24 presentes em três caixas.

a) Quantos presentes foram colocados em cada caixa? ________________

b) Qual é a sentença matemática que representa essa divisão? ____________

METADE

O bolo está delicioso! Os convidados já comeram metade, ou seja, das 12 fatias que o bolo tinha, 6 já foram comidas.

FIQUE ATENTO(A): METADE é algo inteiro dividido em DUAS PARTES IGUAIS.

1 Pinte a metade dos doces e escreva a sentença matemática. Siga o exemplo.

$4 \div 2 = 2$

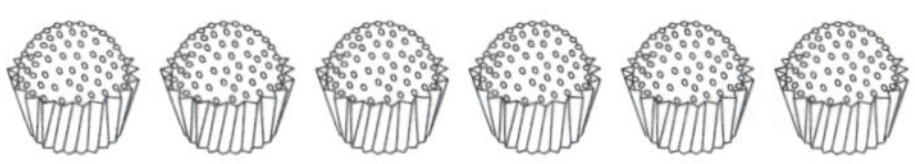

___ ÷ ___ = ___

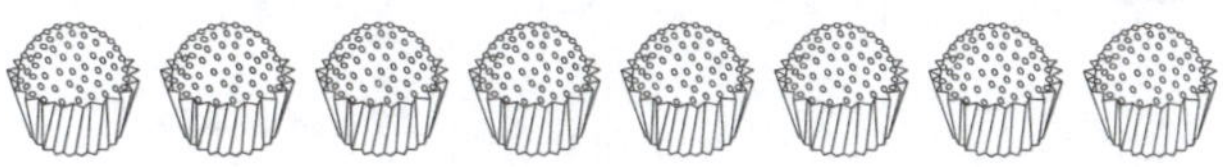

___ ÷ ___ = ___

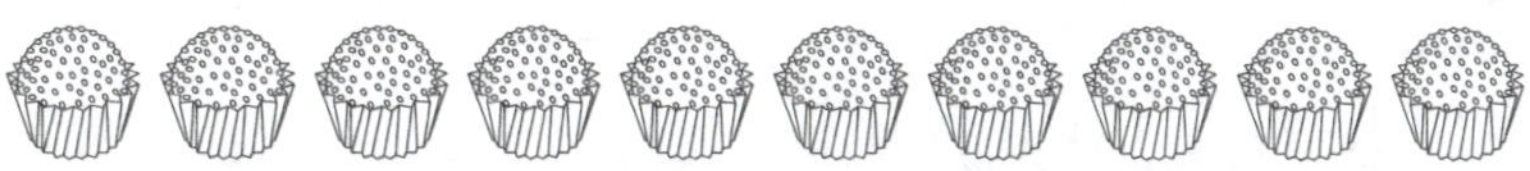

___ ÷ ___ = ___

2 Observe as embalagens usadas nos preparativos de uma festa e complete as frases abaixo.

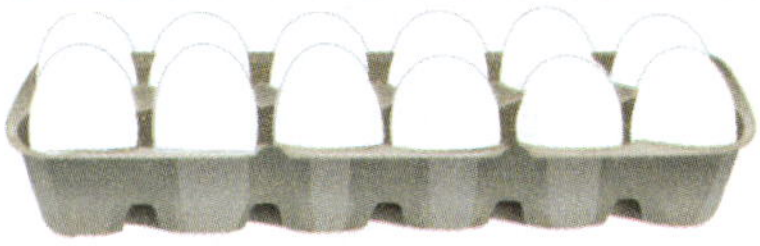

Uma **DÚZIA** é igual a ______________ e **MEIA DÚZIA** é igual a ______________.

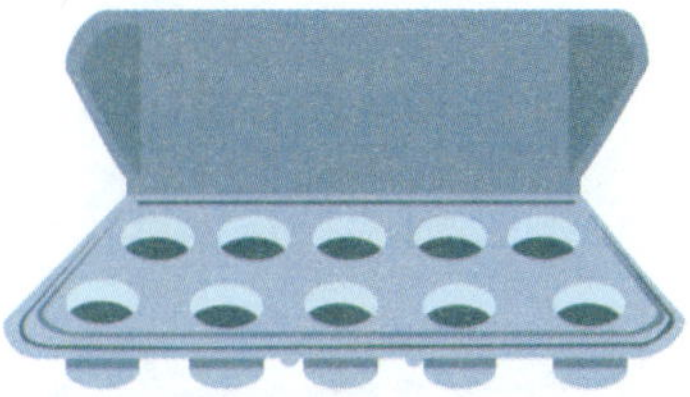

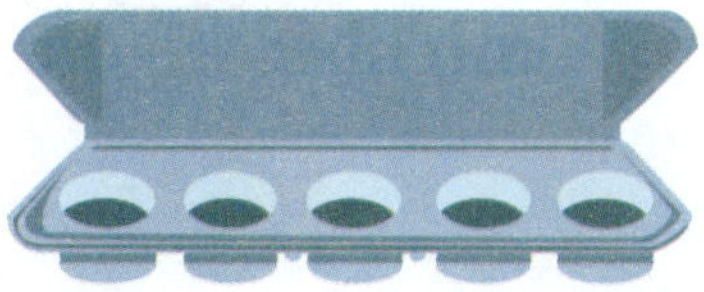

Uma **DEZENA** é igual a ______________ e **MEIA DEZENA** é igual a ______________.

3 Leia a receita, encontre e circule a palavra **MEIO** ou **MEIA**.

Que palavras poderiam ser usadas para substitui-las?

PUDIM DE OVOS

Ingredientes

1 dúzia de ovos
meio quilo de açúcar
meio litro de leite
100 ml de água para calda
150g de açúcar para calda

90min   12porções

Modo de fazer

1 - Em uma forma oca no meio, derreta o açúcar e coloque a água.

2 - Espalhe a calda por toda a forma.

3 - Coloque os ovos e o açúcar na batedeira e bata por 2 minutos e meio; em seguida, coloque o leite e bata até ficar homogêneo.

4 - Coloque no forno quente em banho-maria por uma hora e meia ou até ficar dourado.

5 - Desenforme e sirva.

Bom apetite!

ALGORITMO DA SUBTRAÇÃO

No capítulo anterior, usamos o quadro de ordens para calcular adições. Agora é a vez de utilizarmos essa ferramenta para efetuar subtrações.

Na operação **87 – 45**, por meio do algoritmo da subtração, usamos o quadro de ordens.

D	U
8	7
4	5
4	2

–

→ **RESULTADO**

1 Resolva as subtrações no quadro de ordens.

a) 65 – 33 = ______

	D	U
–		

b) 82 – 41 = ______

	D	U
–		

c) 66 – 30 = ______

	D	U
–		

d) 59 – 37 = ______

	D	U
–		

e) 99 – 56 = ______

	D	U
–		

2 Calcule.

a) 73 – 30 = ____________

	D	U
–		

b) 18 – 7 = ____________

	D	U
–		

c) 80 – 30 = ____________

	D	U
–		

d) 69 – 25 = ____________

	D	U
–		

e) 54 – 14 = ____________

	D	U
–		

f) 38 – 37 = ____________

	D	U
–		

3 Calcule.

a) 484 – 122 = ____________

	C	D	U
–			

b) 877 – 610 = ____________

	C	D	U
–			

c) 618 – 304 = ____________

	C	D	U
–			

d) 574 – 540 = ____________

	C	D	U
–			

e) 984 – 43 = ____________

	C	D	U
–			

TABUADA DO 5

Resolva.

1 x 5 = ______ 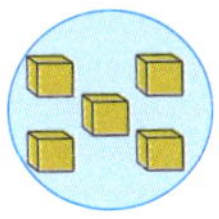

2 x 5 = ______ 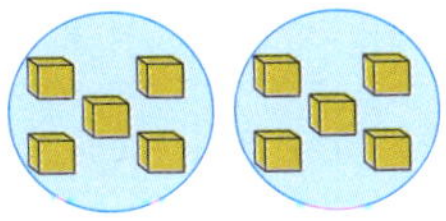

3 x 5 = ______ 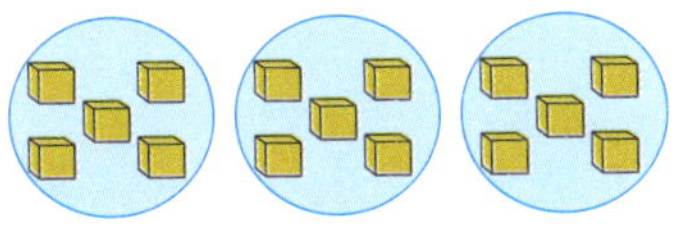

4 x 5 = ______ 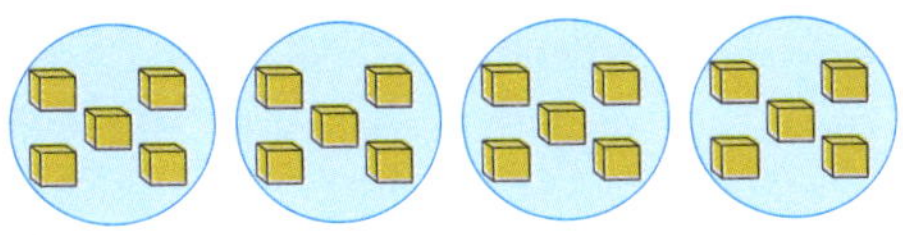

5 x 5 = ______ 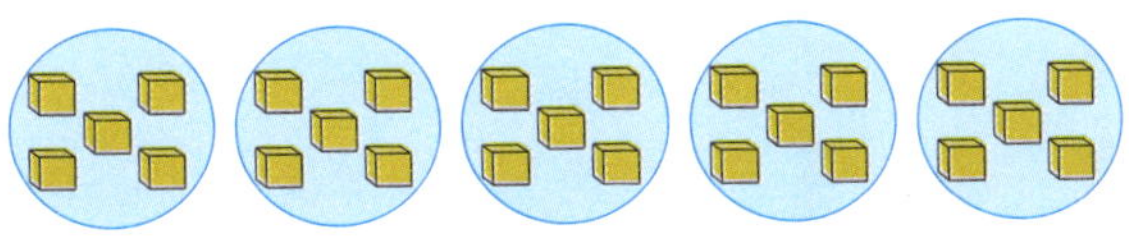

6 x 5 = ______ 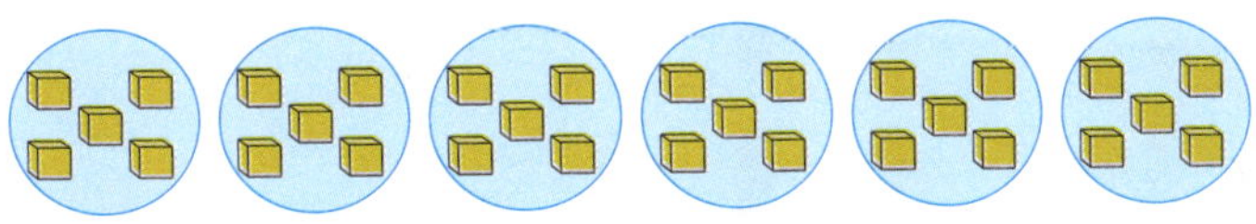

7 x 5 = ______ 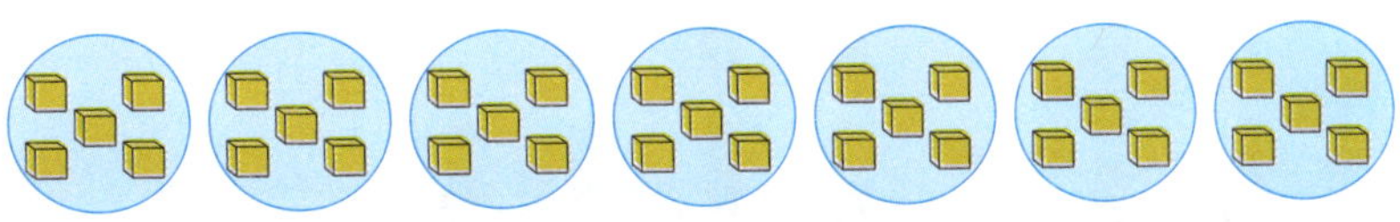

8 x 5 = ______ 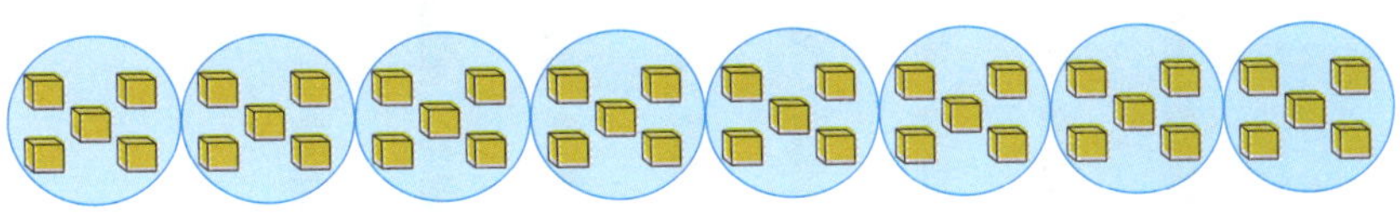

9 x 5 = ______ 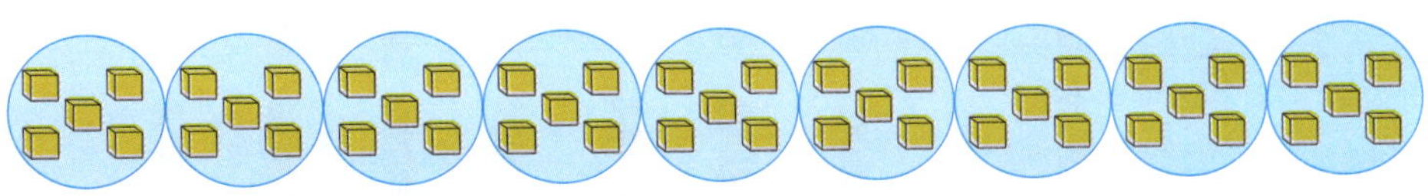

10 x 5 = ______ 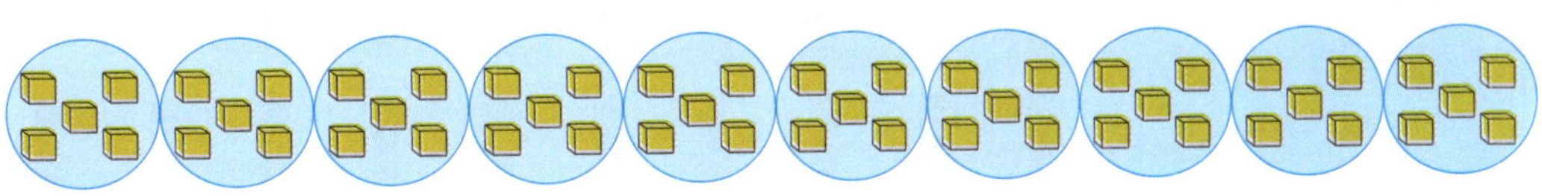

TABUADA DO 10

Resolva.

1 x 10 = ______

2 x 10 = ______

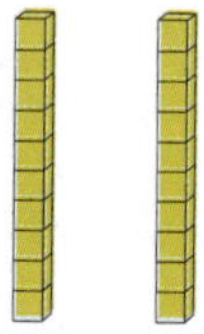

3 x 10 = ______

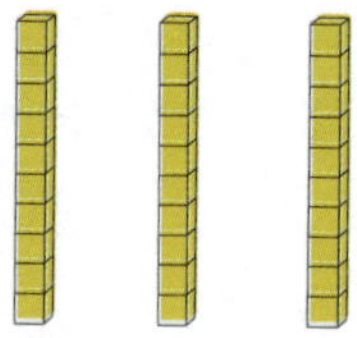

4 x 10 = ______

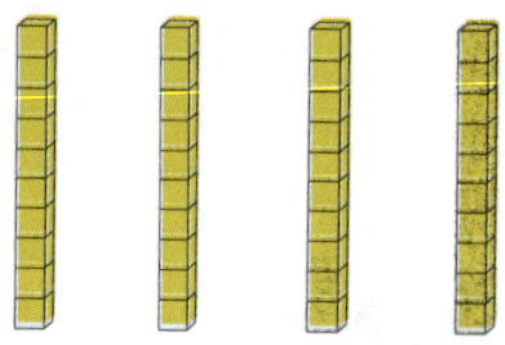

5 x 10 = ______

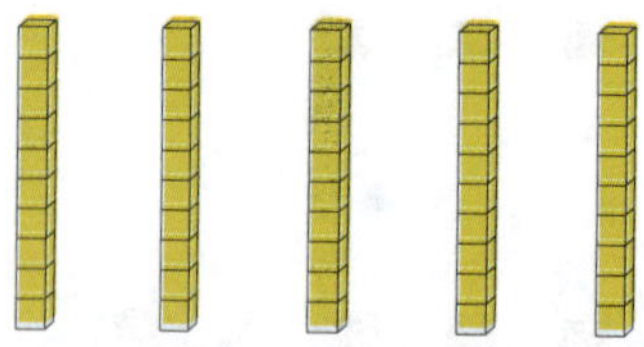

6 x 10 = ______

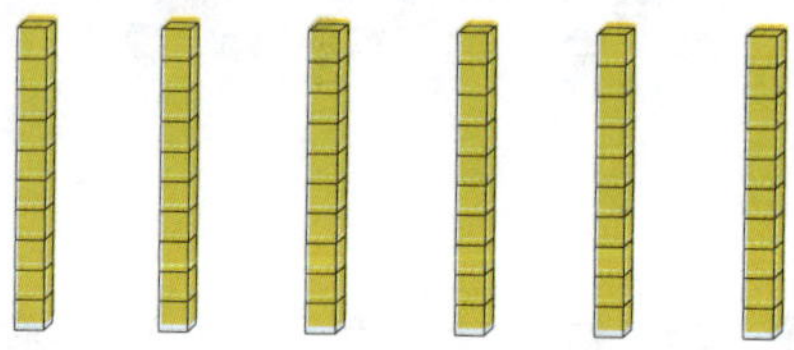

7 x 10 = ______

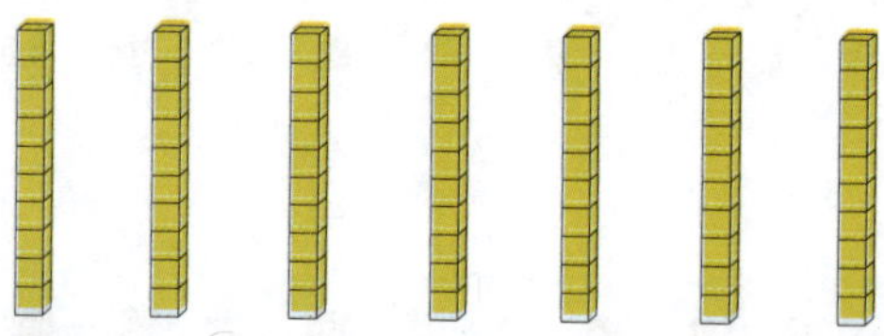

8 x 10 = ______

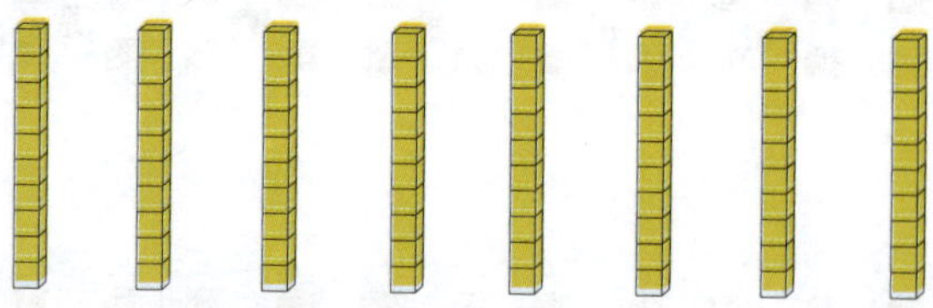

9 x 10 = ______

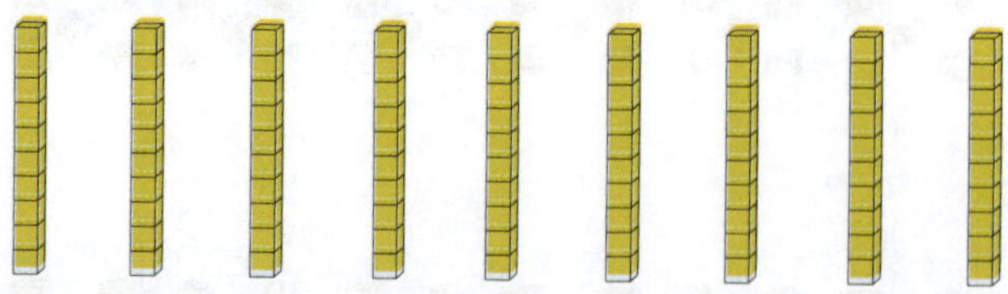

10 x 10 = ______

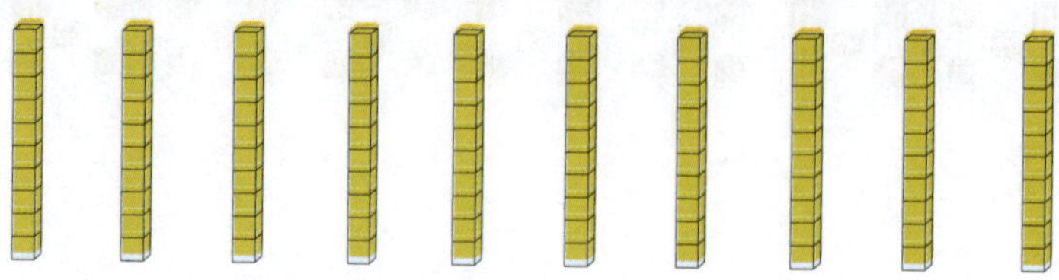

1 Você é capaz de descobrir qual é o número que está embaixo destes salgados? Escreva as respostas nos espaços em branco.

5	10	15	20	

130		140	145	150

470	475	480		490

2 Subtraia os números de 5 em 5 para que o bolo chegue à casa de João.

200	190	180	129	105	100
195	295	395	95	55	995
190	185	180	175	185	595
180	5	215	170	20	25
195	195	275	165	365	195
140	150	155	160	150	195
345	145	140	135	130	125

3 Observando o valor que cada cliente gastou, é possível descobrir quanto custam os doces abaixo! Calcule, leia as perguntas e responda marcando um **X** em sim ou não.

	+		= **R$ 22,00**
	+		= **R$ 21,00**
	+		= **R$ 10,00**
	+		= **R$ 7,00**

Produtos				
Preços	R$ ______,00	R$ ______,00	R$ ______,00	R$ ______,00

Três brigadeiros custam R$ 20,00? SIM ( ) NÃO ( )

Seis balas custam R$ 12,00? SIM ( ) NÃO ( )

Cinco picolés custam R$ 50,00? SIM ( ) NÃO ( )

Quatro bolinhos custam R$ 45,00? SIM ( ) NÃO ( )

4 Os doces foram organizados seguindo um padrão contínuo. Qual bloco de doces dá continuidade a esta organização?

( ) 

( ) 

( ) 

( ) 

( ) 

( ) 

VOCÊ SABIA?

Comemorações pelo mundo

Aqui no **Brasil**, estamos acostumados a comemorar os aniversários com bolo, suco e muitos doces. Essa tradição de brigadeiros, beijinhos e salgadinhos é muito gostosa, mas não é um costume universal.

Os canadenses gostam de lambuzar o nariz do aniversariante com manteiga ou margarina, para desejar sorte a quem está iniciando mais um ano de vida.

Na **Irlanda**, as festas de aniversário costumam ser bastante simples, mas bem alegres e divertidas. Geralmente acontecem em casa, com um cardápio que varia entre pizza, cachorro-quente, nuggets e bolo.

Na **China**, as coisas são um pouquinho diferentes, pois os chineses seguem o calendário lunar e a contagem de anos de vida não é como a nossa. Por lá, quando um bebê completa um mês, é comemorado o seu primeiro aniversário (considerado um dos mais importantes de sua vida).

1 Em seu aniversário, Fernando serviu 195 docinhos, 325 salgados e 6 litros de sucos variados para os amigos. Durante a festa, os convidados comeram 163 docinhos. Quantos docinhos sobraram?

SENTENÇA MATEMÁTICA

RESPOSTA: ______________________________

2 Clara, Isabel e Helena trabalham juntas preparando cupcakes e pirulitos. Para a comemoração de um aniversário, Clara fez 34 cupcakes, Isabel preparou 33 e Helena, 22. Além disso, fizeram 95 pirulitos de chocolate. Quantos cupcakes elas prepararam ao todo para essa comemoração?

SENTENÇA MATEMÁTICA

RESPOSTA: ______________________________

3 Juliana está preparando a festa de seu filho Arthur. Para enfeitar as mesas, ela montou 5 vasos coloridos, com 7 rosas brancas em cada um. Quantas rosas Juliana usou para montar os vasos?

SENTENÇA MATEMÁTICA

RESPOSTA: ______________________________

4 Adriana está preparando 24 carrinhos para dar de lembrancinha no final da festa do Henrique. Ela quer distribuir igualmente os carrinhos entre 8 amigos. Quantos carrinhos cada amigo receberá?

SENTENÇA MATEMÁTICA

RESPOSTA: ______________________________

5 Carlos servirá sanduíches em bandejas. Ele distribuirá igualmente 20 sanduíches em 4 bandejas. Quantos sanduíches ficarão em cada bandeja?

SENTENÇA MATEMÁTICA

RESPOSTA: ______________________________

6 Na festa, havia 28 crianças e metade já foi embora. Quantas crianças ainda estão na festa?

SENTENÇA MATEMÁTICA

RESPOSTA: ______________________________

7 Juliana comprou 2 dúzias de coxinhas e 3 dezenas de empadinhas. Quantos salgados ela comprou no total?

SENTENÇA MATEMÁTICA

✦ Marque com um **X** a resposta mais adequada para esse problema, completando com o resultado obtido acima.

( ) Juliana comprou ______ dúzias de coxinhas e ______ dezenas de empadinhas.

( ) Juliana comprou ______ salgados.

( ) A resposta é ______ .

8 Para a festa de dona Cida, foram comprados 7 sucos de maracujá e o dobro dessa quantidade de suco de uva.

a) Quantos sucos de uva foram comprados?

SENTENÇA MATEMÁTICA

RESPOSTA: ______________________________

b) Quantos sucos no total foram comprados para a festa de dona Cida?

SENTENÇA MATEMÁTICA

RESPOSTA: ______________________________

CAPÍTULO 8

Neste capítulo, novos aprendizados você terá! Triplo, terça parte, tabuada e reagrupamento. E para relembrar, conceitos antigos você vai exercitar!

NÚMEROS POR TODA PARTE

A turma do 2º ano de uma escola de São Paulo está muito animada com a chegada da Semana da Primavera.

Juca, Tom e Beto estudam juntos. Durante uma semana, cada um vai viajar de carro com sua família para lugares diferentes. Eles resolveram, então, pesquisar no mapa a distância do destino de cada um como forma de se prepararem para a viagem.

1 Observe a pesquisa que eles realizaram na internet e responda às questões.

Juca

Tom

Beto

a) Quem vai viajar para mais longe? ______________________

b) Para onde ele vai? ______________________

c) Quem vai viajar para mais perto? ______________________

d) Para responder a essas perguntas, qual foi a informação do mapa que você utilizou?

( ) A duração da viagem.

( ) A distância em quilômetros entre as cidades.

VOCÊ SABIA?

Entre os anos de 2020 e 2021, Fortaleza, Gramado e Porto de Galinhas foram os destinos mais procurados para viajar no Brasil. Logo em seguida, vieram o Rio de Janeiro, Curitiba, Arraial do Cabo, Natal, Campos do Jordão, Belo Horizonte e Angra dos Reis. Você já visitou algum desses destinos? Grife com marca-texto.

2 Pedro também viajará, mas de avião. Ele vai para Salvador com a sua família. No aeroporto, ele precisa consultar os televisores, que mostram os voos e algumas informações sobre ele. Marque a coluna em que estão os códigos do número dos voos:

HORÁRIO	DESTINO	VOO	TERMINAL	ESTIMADO	STATUS	
21:05	Salvador	5121	Terminal 2	22:05	Partindo	>
21:05	Montreal	0097	Terminal 3	-	Atrasado	>
21:10	Rio de Janeiro	1090	Terminal 2	21:10	Decolado	>
21:10	Natal	7560	Terminal 2	22:30	Voo encerrado	>
21:15	Curitiba	3296	Terminal 2	21:15	Decolado	>

3 Os pais de Pedro marcaram os lugares antes de irem para o aeroporto, mas ele está com dificuldade de encontrar os assentos. Que dicas você pode dar?

Consulte a passagem, encontre o assento de Pedro no avião e marque-o com um **X**.

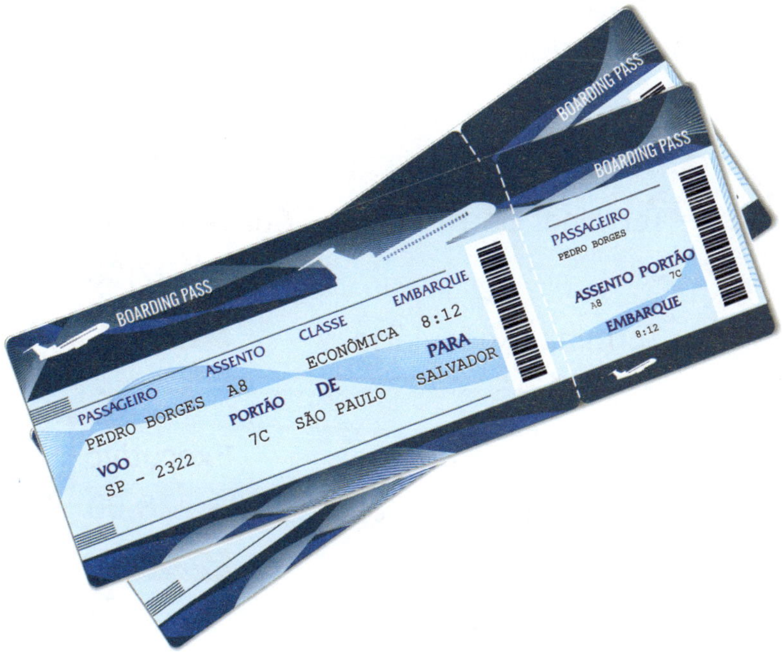

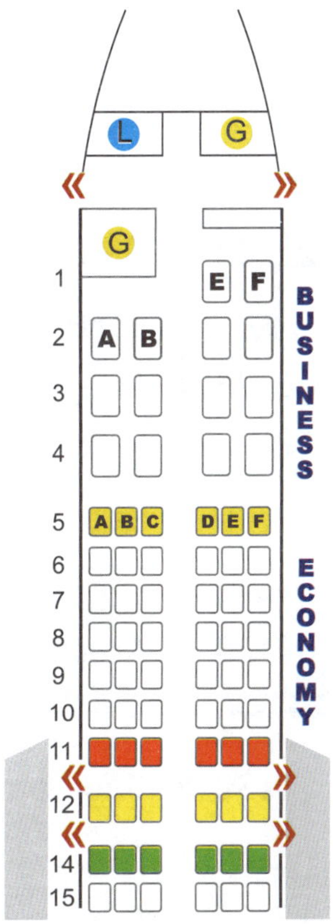

4 Para viajar de avião, é preciso respeitar algumas regras das companhias aéreas. Uma das principais diz respeito ao peso e à quantidade de malas que podemos levar na viagem. Veja a sinalização:

Alguma das malas abaixo não está de acordo com a sinalização? Justifique sua resposta. Depois faça um **X** na mala mais leve e circule a mais pesada.

____

____

5 César vai viajar de ônibus para Araçatuba, cidade do interior de São Paulo, pela primeira vez. Ele sabia que precisava pesquisar o valor das passagens na internet. Em sua pesquisa, encontrou três preços diferentes. Marque a passagem mais barata.

22:00 São Paulo, SP - Terminal Barra Funda — Convencional
Duração 8h 25min - direto — R$ 197,00
06:25 Araçatuba, SP - Terminal Rodoviário — Ver oferta

22:00 São Paulo, SP - Terminal Barra Funda — Executivo
Duração 8h 25min - direto — 8 lugares disponíveis — R$ 228,00
06:25 Araçatuba, SP - Terminal Rodoviário — Ver oferta

18:30 São Paulo, SP - Terminal Tietê — Semi leito
Duração 22h 45min - 1 Troca — R$ 154,00
17:15 Araçatuba, SP - Terminal Rodoviário — Ver oferta

6 César ficará hospedado em um hotel em Araçatuba e sua família quer gastar, no máximo, R$ 350,00 por diária. Para isso, eles farão uma busca de preços e hotéis na internet. Marque as opções que César poderá selecionar no site de busca.

Filtrar resultados por	
Seu orçamento (por diária)	
Defina seu próprio orçamento	
☐ **R$ 0 - R$ 200**	9
☐ **R$ 200 - R$ 400**	14
☐ **R$ 400 - R$ 600**	3
☐ **R$ 600 - R$ 800**	1

7 A família de César conseguiu achar o hotel perfeito dentro do valor que eles queriam pagar. Quando chegaram ao andar dos quartos reservados, ficaram em dúvida para que lado deveriam ir. Observe o número de cada quarto e ajude César e a família completando as lacunas com **direita** ou **esquerda**.

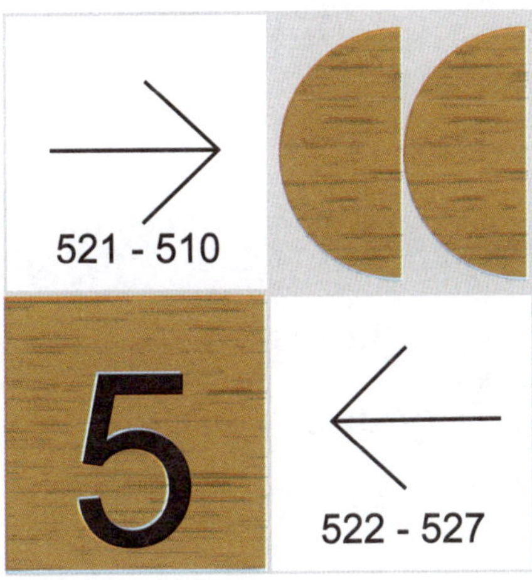

510 ______________________

526 ______________________

512 ______________________

524 ______________________

520 ______________________

8 Os quartos do hotel têm um cofre para guardar os pertences valiosos. César escolheu alguns números entre **700** e **800**, todos **pares**, para servirem como senha. Circule quais foram os números escolhidos por ele.

790   752   698

771   704   905

856   709   723

PENSANDO SOBRE OS NÚMEROS

1 Ligue as etiquetas correspondentes.

531	9 centenas e 9 unidades	900 + 9
909	7 centenas, 5 dezenas e 9 unidades	900 + 90 + 9
759	5 centenas, 1 dezena e 3 unidades	500 + 30 + 1
513	5 centenas, 3 dezenas e 1 unidade	700 + 50 + 9
999	9 centenas, 9 dezenas e 9 unidades	500 +10 + 3

2 Observe os números a seguir e faça o que se pede.

419	97	241	2	706	28
3	414	37	1	67	444

a) Pinte de vermelho os números que têm quatro centenas.

b) Pinte de azul o número que tem duas centenas.

c) Pinte de marrom os números menores que uma dezena.

d) Pinte de verde o número que tem sete centenas e seis unidades.

e) Pinte de amarelo os números em que o algarismo 7 ocupa a ordem das unidades e escreva por extenso o nome de cada um.

✦ ______________________________

✦ ______________________________

✦ ______________________________

f) Escreva o antecessor e o sucessor do único número que não foi pintado.

______________________ e ______________________.

Lembre-se: No fim do livro, há um quadro numérico que você pode consultar sempre que precisar.

3 Componha os números formados por:

a) 3 centenas + 4 dezenas + 2 unidades

b) 8 centenas + 7 dezenas + 8 unidades

c) 700 + 70 + 7

d) 2 centenas e 2 dezenas

e) 900 + 7

4 Descubra o segredo das sequências e complete-as.

a) 204, 205, 206, ______, ______, ______, ______, ______

b) 322, 324, 326, ______, ______, ______, ______, ______

c) 850, 855, 860, ______, ______, ______, ______, ______

d) 710, 720, 730, ______, ______, ______, ______, ______

e) 150, 200, 250, ______, ______, ______, ______, ______

5 Escreva adições que tenham como resultado os números indicados.

a) ______ = 70

c) ______ = 83

b) ______ = 101

d) ______ = 162

6 Resolva as subtrações observando os exemplos.

10 – 1 = 9	10 – 2 = 8	10 – 3 = 7	10 – 4 = 6
20 – 1 = ____	20 – 2 = ____	20 – 3 = ____	20 – 4 = ____
30 – 1 = ____	30 – 2 = ____	30 – 3 = ____	30 – 4 = ____
40 – 1 = ____	40 – 2 = ____	40 – 3 = ____	40 – 4 = ____
50 – 1 = ____	50 – 2 = ____	50 – 3 = ____	50 – 4 = ____

7 Quanto falta?

a) 1 + ______ = 10

10 + ______ = 100

b) 2 + ______ = 10

20 + ______ = 100

c) 3 + ______ = 10

30 + ______ = 100

d) 4 + ______ = 10

40 + ______ = 100

e) 5 + ______ = 10

50 + ______ = 100

f) 6 + ______ = 10

60 + ______ = 100

g) 7 + ______ = 10

70 + ______ = 100

h) 8 + ______ = 10

80 + ______ = 100

i) 9 + ______ = 10

90 + ______ = 100

j) 10 + ______ = 10

100 + ______ = 100

8 Complete os cálculos para chegar ao resultado em destaque.

50

30 + ______
______ + 10
______ + 20
40 + ______

100

90 + ______
______ + 50
______ + 80
60 + ______

80

80 + ______
______ + 60
______ + 30
40 + ______

9 Complete as sentenças matemáticas.

8 + ______ = 10
18 + ______ = 20
28 + ______ = 30

6 + ______ = 10
16 + ______ = 20
26 + ______ = 30

7 + ______ = 10
17 + ______ = 20
27 + ______ = 30

9 + ______ = 10
19 + ______ = 20
29 + ______ = 30

10 Para agilizar o cálculo mental, os números podem ser decompostos de diferentes maneiras. Observe como o Renato e a Julia fizeram a decomposição dos números. Depois, complete os quadros com uma decomposição diferente das apresentadas por eles.

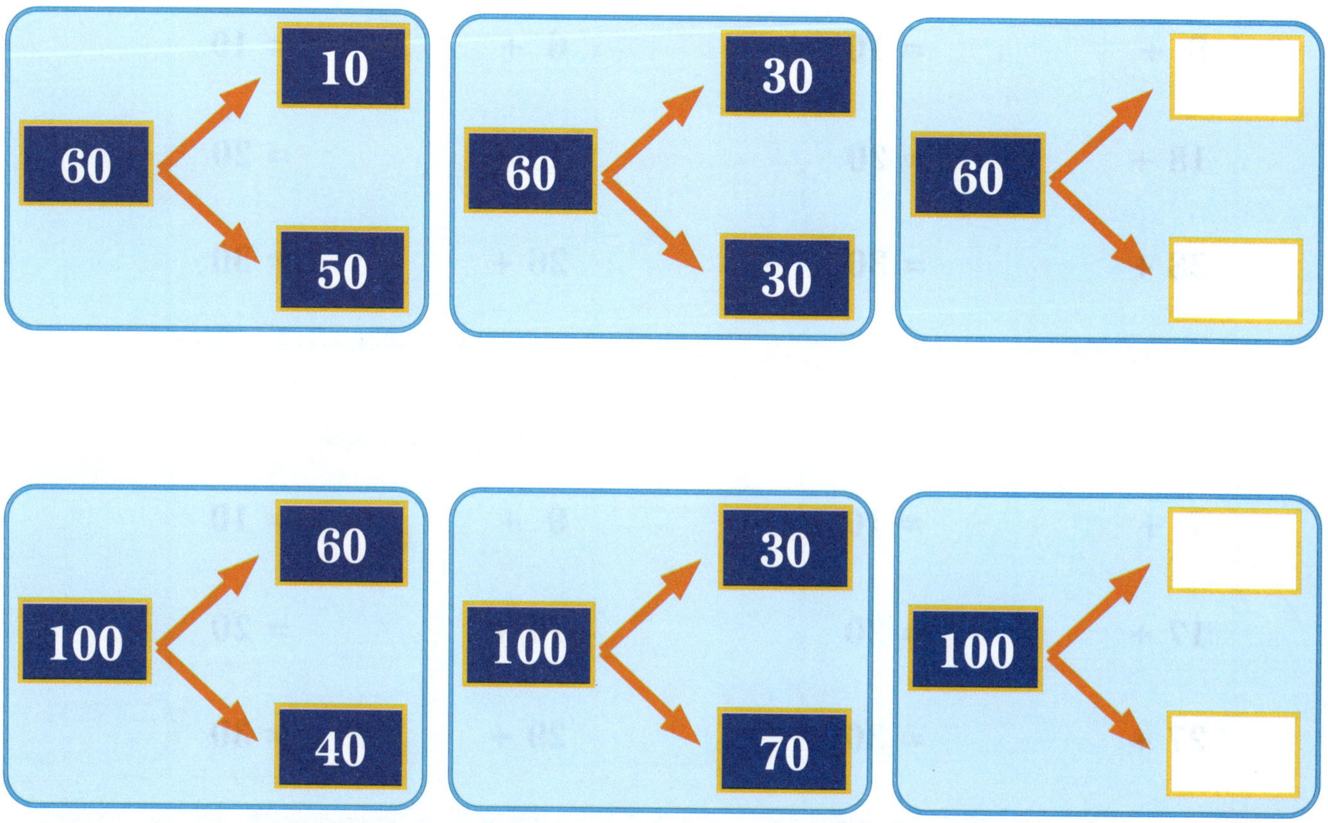

11 Resolva os cálculos decompondo os números. Observe um exemplo que você pode seguir.

148 + 32 =

140 + 30 + 8 + 2

170 + 10

180

45 + 23 =

111 + 36=

175 + 121 =

236 + 341 =

TRIPLO

A multiplicação também serve para achar o triplo. Você sabe o que significa essa palavra?

Então o triplo de 10 é 10 + 10 + 10, ou seja, 3 x 10.

Calcular três vezes um número é o mesmo que encontrar seu triplo.

Ligue cada quantidade de malas ao seu triplo.

TABUADA DO 3

Resolva:

1 x 3 = ________ 6 x 3 = ________

2 x 3 = ________ 7 x 3 = ________

3 x 3 = ________ 8 x 3 = ________

4 x 3 = ________ 9 x 3 = ________

5 x 3 = ________ 10 x 3 = ________

Leia o diálogo e responda às questões.

a) Quantos reais Renato tem? ________

b) Julia tem quantos reais a mais que Renato? ________

c) Quantos reais os dois têm juntos? ________

TERÇA PARTE

Durante a viagem de carro até o Rio de Janeiro, Juca e seus dois irmãos mais velhos ficaram com fome, mas só tinham uma barra de chocolate para dividir igualmente entre os três.

Pronto! Você acabou de dividir a barra de chocolate, que tinha 12 pedaços, em **três partes iguais**. Ou seja, cada irmão receberá a **TERÇA PARTE** do chocolate.

A TERÇA PARTE de 12 é 4, porque $12 \div 3 = 4$

Terça parte corresponde a uma das três partes iguais em que algo inteiro foi dividido.

Descubra a terça parte registrando a sentença matemática, como no exemplo.

6 ÷ 3 = 2

___ ÷ ___ = ___

___ ÷ ___ = ___

ALGORITMO DA ADIÇÃO COM REAGRUPAMENTO

	C	D	U
+		3	9
		1	5
			(1)4

Este número 1, que vale 10 unidades ou uma dezena, deverá ser escrito na ordem das dezenas para continuar o cálculo. Veja, no quadro de ordens ao lado, o lugar correto em que ele deve ser escrito.

	C	D	U
+		(1)3	9
		1	5
		5	4

Agora você deve adicionar todos os números que se encontram na ordem das dezenas para encontrar o resultado. Ou seja, 3 + 1 + 1.

Agora é com você!

a) 45 + 27 = ____________

C	D	U

b) 38 + 35 = ____________

C	D	U

c) 18 + 14 = ____________

C	D	U

d) 49 + 32 = ____________

C	D	U

e) 128 + 114 = ____________

C	D	U

f) 357 + 227 = ____________

C	D	U

g) 307 + 129 = ____________

C	D	U

h) 455 + 267 = ____________

C	D	U

VOCÊ SABIA?

Cada cédula do real possui a imagem de um animal da fauna brasileira impressa no verso. A nota de 2 reais tem a tartaruga-de-pente. A nota de 5 reais tem a garça. Na nota de 10 reais, aparece a arara-vermelha. Já na de 20 reais, temos o mico-leão-dourado. A onça-pintada ilustra a nota de 50 reais e a garoupa, a nota de 100 reais. E para fechar, o lobo-guará aparece na nota de 200 reais.

1 Nas férias, Pedro viajará para Gramado, no Rio Grande do Sul, com toda a sua família. No aeroporto, eles foram a um restaurante tomar algumas bebidas e aguardar a hora do embarque. Descubra o valor total que eles gastaram com as bebidas que consumiram.

Dica: Que tal descobrir o valor de cada bebida antes de calcular o total?

 **= 21**

 **= 17**

 **= 1**

 **= ?**

O total gasto com as bebidas foi ______________________.

Use este espaço para calcular:

2 Como Gramado é muito frio, Pedro precisou comprar algumas peças de roupa para se proteger do frio.

a) Ele comprou uma meia-calça de lã por 90 reais e uma blusa térmica por 30 reais. Quantos reais ele gastou?

SENTENÇA MATEMÁTICA

RESPOSTA: ____________________

b) Para pagar a compra, ele deu 150 reais. Quanto Pedro recebeu de troco?

SENTENÇA MATEMÁTICA

RESPOSTA: ____________________

c) Ao sair da loja, Pedro tinha em sua carteira 25 reais e o troco que recebeu da loja. Com quantos reais ele ficou ao todo na carteira?

SENTENÇA MATEMÁTICA

RESPOSTA: ______________________________

3 Nessa viagem, Pedro encontrou mais dois amigos, Mário e Joaquim. Eles resolveram tomar um lanche juntos. A conta foi dividida igualmente entre os três. Cada um deles pagou 33 reais. Qual foi o valor total da conta?

SENTENÇA MATEMÁTICA

RESPOSTA: ______________________________

4 Após o lanche, eles resolveram fazer um passeio na montanha-russa. Cada um teria que pagar 40 reais para se divertir nessa atração. Quantos reais os três gastaram juntos?

SENTENÇA MATEMÁTICA

RESPOSTA: ______________________________

5 No Rio de Janeiro, um ônibus de turismo leva 42 passageiros para fazer um passeio pela cidade. Quantos passageiros serão transportados em 2 viagens?

SENTENÇA MATEMÁTICA

RESPOSTA: ______________________________

6 Estas quatro crianças querem andar na montanha-russa. Na fila, há uma placa indicando a capacidade de carga de cada carrinho.

Considerando quanto pesa cada criança, quais são as possíveis duplas?

___

___

___

Monte as duplas de modo que todos possam se divertir juntos em um mesmo passeio na montanha-russa.

Observe as sentenças matemáticas abaixo e elabore um problema para cada uma delas.

Problema 1

SENTENÇA MATEMÁTICA

325 + 114 =

RESPOSTA:

Problema 2

SENTENÇA MATEMÁTICA

287 + 35 =

RESPOSTA:

Problema 3

SENTENÇA MATEMÁTICA

3 x 5 =

RESPOSTA:

Problema 4

SENTENÇA MATEMÁTICA

14 ÷ 2 =

RESPOSTA:

ANEXO

Como é bom aprender! Nas próximas páginas, você encontrará mais alguns desafios de cálculo para que fique ainda mais craque nesse tipo de exercício!

QUADRO DE NÚMEROS

1 AO 100

1	2	3	4	5	6	7	8	9	10
11	12	13	14	15	16	17	18	19	20
21	22	23	24	25	26	27	28	29	30
31	32	33	34	35	36	37	38	39	40
41	42	43	44	45	46	47	48	49	50
51	52	53	54	55	56	57	58	59	60
61	62	63	64	65	66	67	68	69	70
71	72	73	74	75	76	77	78	79	80
81	82	83	84	85	86	87	88	89	90
91	92	93	94	95	96	97	98	99	100

101 AO 200

101	102	103	104	105	106	107	108	109	110
111	112	113	114	115	116	117	118	119	120
121	122	123	124	125	126	127	128	129	130
131	132	133	134	135	136	137	138	139	140
141	142	143	144	145	146	147	148	149	150
151	152	153	154	155	156	157	158	159	160
161	162	163	164	165	166	167	168	169	170
171	172	173	174	175	176	177	178	179	180
181	182	183	184	185	186	187	188	189	190
191	192	193	194	195	196	197	198	199	200

201 AO 300

201	202	203	204	205	206	207	208	209	210
211	212	213	214	215	216	217	218	219	220
221	222	223	224	225	226	227	228	229	230
231	232	233	234	235	236	237	238	239	240
241	242	243	244	245	246	247	248	249	250
251	252	253	254	255	256	257	258	259	260
261	262	263	264	265	266	267	268	269	270
271	272	273	274	275	276	277	278	279	280
281	282	283	284	285	286	287	288	289	290
291	292	293	294	295	296	297	298	299	300

301 AO 400

301	302	303	304	305	306	307	308	309	310
311	312	313	314	315	316	317	318	319	320
321	322	323	324	325	326	327	328	329	330
331	332	333	334	335	336	337	338	339	340
341	342	343	344	345	346	347	348	349	350
351	352	353	354	355	356	357	358	359	360
361	362	363	364	365	366	367	368	369	370
371	372	373	374	375	376	377	378	379	380
381	382	383	384	385	386	387	388	389	390
391	392	393	394	395	396	397	398	399	400

401 AO 500

401	402	403	404	405	406	407	408	409	410
411	412	413	414	415	416	417	418	419	420
421	422	423	424	425	426	427	428	429	430
431	432	433	434	435	436	437	438	439	440
441	442	443	444	445	446	447	448	449	450
451	452	453	454	455	456	457	458	459	460
461	462	463	464	465	466	467	468	469	470
471	472	473	474	475	476	477	478	479	480
481	482	483	484	485	486	487	488	489	490
491	492	493	494	495	496	497	498	499	500

501 AO 600

501	502	503	504	505	506	507	508	509	510
511	512	513	514	515	516	517	518	519	520
521	522	523	524	525	526	527	528	529	530
531	532	533	534	535	536	537	538	539	540
541	542	543	544	545	546	547	548	549	550
551	552	553	554	555	556	557	558	559	560
561	562	563	564	565	566	567	568	569	570
571	572	573	574	575	576	577	578	579	580
581	582	583	584	585	586	587	588	589	590
591	592	593	594	595	596	597	598	599	600

601 AO 700

601	602	603	604	605	606	607	608	609	610
611	612	613	614	615	616	617	618	619	620
621	622	623	624	625	626	627	628	629	630
631	632	633	634	635	636	637	638	639	640
641	642	643	644	645	646	647	648	649	650
651	652	653	654	655	656	657	658	659	660
661	662	663	664	665	666	667	668	669	670
671	672	673	674	675	676	677	678	679	680
681	682	683	684	685	686	687	688	689	690
691	692	693	694	695	696	697	698	699	700

701 AO 800

701	702	703	704	705	706	707	708	709	710
711	712	713	714	715	716	717	718	719	720
721	722	723	724	725	726	727	728	729	730
731	732	733	734	735	736	737	738	739	740
741	742	743	744	745	746	747	748	749	750
751	752	753	754	755	756	757	758	759	560
761	762	763	764	765	766	767	768	769	770
771	772	773	774	775	776	777	778	779	780
781	782	783	784	785	786	787	788	789	790
791	792	793	794	795	796	797	798	799	800

801 AO 900

801	802	803	804	805	806	807	808	809	810
811	812	813	814	815	816	817	818	819	820
821	822	823	824	825	826	827	828	829	830
831	832	833	834	835	836	837	838	839	840
841	842	843	844	845	846	847	848	849	850
851	852	853	854	855	856	857	858	859	860
861	862	863	864	865	866	867	868	869	870
871	872	873	874	875	876	877	878	879	880
881	882	883	884	885	886	887	888	889	890
891	892	893	894	895	896	897	898	899	900

901 AO 1000

901	902	903	904	905	906	907	908	909	910
911	912	913	914	915	916	917	918	919	920
921	922	923	924	925	926	927	928	929	930
931	932	933	934	935	936	937	938	939	940
941	942	943	944	945	946	947	948	949	950
951	952	953	954	955	956	957	958	959	960
961	962	963	964	965	966	967	968	969	970
971	972	973	974	975	976	977	978	979	980
981	982	983	984	985	986	987	988	989	990
991	992	993	994	995	996	997	998	999	1000

ESCRITA POR EXTENSO

10	Dez
20	Vinte
30	Trinta
40	Quarenta
50	Cinquenta
60	Sessenta
70	Setenta
80	Oitenta
90	Noventa
100	Cem
200	Duzentos
300	Trezentos
400	Quatrocentos
500	Quinhentos
600	Seiscentos
700	Setecentos
800	Oitocentos
900	Novecentos
1000	Mil

1 Com sua caneta marca-texto, destaque as maiores parcelas e calcule.

$3 + 9 =$ ______	$2 + 14 =$ ______	$11 + 4 =$ ______
$6 + 2 =$ ______	$19 + 2 =$ ______	$3 + 12 =$ ______
$5 + 8 =$ ______	$13 + 3 =$ ______	$18 + 2 =$ ______
$3 + 7 =$ ______	$6 + 11 =$ ______	$6 + 13 =$ ______
$8 + 3 =$ ______	$15 + 4 =$ ______	$4 + 14 =$ ______
$6 + 4 =$ ______	$5 + 12 =$ ______	$15 + 2 =$ ______

2 Calcule e pinte de acordo com a legenda.

3 Calcule.

2 + 1 = ____	2 + 2 = ____	2 + 3 = ____
0 + 1 = ____	0 + 2 = ____	0 + 3 = ____
3 + 1 = ____	3 + 2 = ____	3 + 3 = ____
8 + 1 = ____	8 + 2 = ____	8 + 3 = ____
4 + 1 = ____	4 + 2 = ____	4 + 3 = ____
6 + 1 = ____	6 + 2 = ____	6 + 3 = ____
5 + 1 = ____	5 + 2 = ____	5 + 3 = ____

4 Pinte as pétalas correspondentes aos resultados das adições.

5 Calcule.

83 + 1 = ______	32 – 1 = ______	91 + 1 = ______
46 + 1 = ______	89 – 1 = ______	53 – 1 = ______
25 + 1 = ______	93 – 1 = ______	48 + 1 = ______
93 + 1 = ______	64 – 1 = ______	66 – 1 = ______
78 + 1 = ______	25 – 1 = ______	74 + 1 = ______
16 + 1 = ______	75 – 1 = ______	95 – 1 = ______

6 Pinte as sentenças cujos resultados são os números em destaque.

9 →	9 + 1 =	7 + 2 =	5 + 4 =
8 →	6 + 2 =	4 + 2 =	5 + 3 =
6 →	3 + 1 =	4 + 2 =	4 + 4 =
5 →	4 + 1 =	3 + 2 =	3 + 4 =

7 No quadro numérico abaixo, pinte os resultados de acordo com a legenda:

27 + 1 =	42 – 10 =	71 – 1 =
27 + 10 =	65 + 10 =	71 + 10=
42 – 1 =	65 – 10 =	71 – 10 =

1	2	3	4	5	6	7	8	9	10
11	12	13	14	15	16	17	18	19	20
21	22	23	24	25	26	27	28	29	30
31	32	33	34	35	36	37	38	39	40
41	42	43	44	45	46	47	48	49	50
51	52	53	54	55	56	57	58	59	60
61	62	63	64	65	66	67	68	69	70
71	72	73	74	75	76	77	78	79	80
81	82	83	84	85	86	87	88	89	90
91	92	93	94	95	96	97	98	99	100

8 Calculando de cabeça.

Quanto falta para completar 100?

a) 10 + ________ = 100

b) 20 + ________ = 100

c) 30 + ________ = 100

d) 40 + ________ = 100

e) 50 + ________ = 100

f) 60 + ________ = 100

g) 70 + ________ = 100

h) 80 + ________ = 100

i) 90 + ________ = 100

j) 100 + ________ = 100

9 Os alunos estavam brincando de lança-dados. Cada participante lançava três dados e anotava sua pontuação. Complete as lacunas e descubra a pontuação de cada aluno.

6 + ☐ + ☐ = 15

5 + ☐ + ☐ = 16

☐ + 3 + ☐ = 11

10 Use a reta numerada, se quiser, e escreva os resultados.

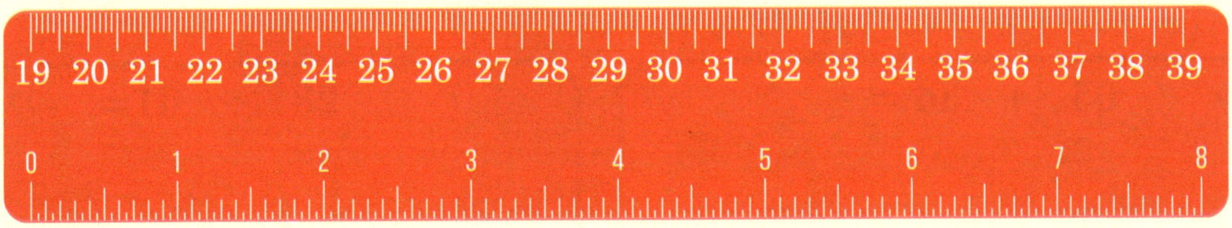

20 + 11 = ______	37 – 4 = ______	29 + 4 = ______
19 + 7 = ______	34 + 5 = ______	32 + 7 = ______
35 – 3 = ______	39 – 2 = ______	38 – 3 = ______

11 Lembra como Eduardo faz para calcular estas contas? Ele **primeiro soma** as duas parcelas que formam dez e, em seguida, acrescenta a terceira parcela.

5 + 5 + 9 = ______

10 + 9 = **19**

7 + 3 + 2 = ______

6 + 8 + 4 = ______

2 + 3 + 8 = ______

12 Vamos calcular as adições abaixo como Eduardo, usando as fichas sobrepostas, por meio da decomposição?

65 + 34 =	**28 + 61=**
224 + 335 =	**422 + 143=**

13 Eduardo também tem algumas estratégias para calcular as subtrações por meio da decomposição. Vamos fazer como ele?

98 - 45 =	**46 - 24=**
83 - 51 =	**65 - 34 =**

14 Calcule as adições:

a) 62 + 33 = ______

	D	U
+		

b) 18 + 41 = ______

	D	U
+		

c) 70 + 27 = ______

	D	U
+		

d) 48 + 29 = ______

	D	U
+		

e) 36 + 19 = ______

	D	U
+		

f) 54 + 37 = ______

	D	U
+		

15 Calcule:

a) 127 + 132 = ______

	C	D	U
+			

b) 304 + 240 = ______

	C	D	U
+			

c) 380 + 137 = ______

	C	D	U
+			

d) 641 + 239 = ______

	C	D	U
+			

e) 217 + 68 = ______

	C	D	U
+			

f) 550 + 156 = ______

	C	D	U
+			

16 Calcule as subtrações:

a) 82 – 51 = ______

	D	U
–		

b) 96 – 20 = ______

	D	U
–		

c) 77 – 55 = ______

	D	U
–		

d) 69 – 42 = ______

	D	U
–		

e) 38 – 7 = ______

	D	U
–		

f) 67 – 45 = ______

	D	U
–		

17 Calcule:

a) 628 – 127 = ______

	C	D	U
–			

b) 907 – 207 = ______

	C	D	U
–			

c) 348 – 324 = ______

	C	D	U
–			

d) 667 – 455 = ______

	C	D	U
–			

e) 374 – 120 = ______

	C	D	U
–			

f) 864 – 704 = ______

	C	D	U
–			

18 Estela e Olívia jogaram o jogo Círculos e Estrelas. Veja como ficou a tabela de cada uma e escreva a sentença matemática para cada jogada. Depois calcule o total.

JOGADORA: ESTELA	SENTENÇA MATEMÁTICA
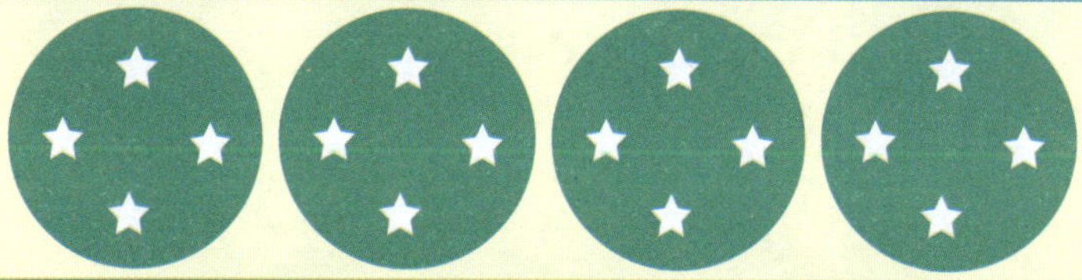	

TOTAL:	

JOGADORA: OLÍVIA	SENTENÇA MATEMÁTICA
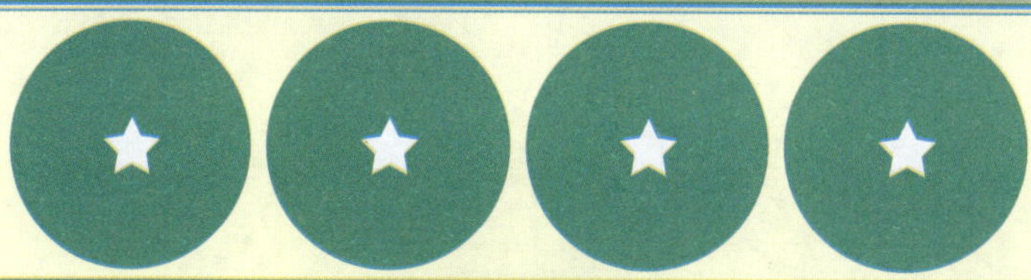	

TOTAL:	

19 Calcule.

a) 2 x 4 = ________

b) 10 x 5 = ________

c) 5 x 2 = ________

d) 2 x 8 = ________

e) 1 x 4 = ________

f) 3 x 10 = ________

g) 5 x 5 = ________

h) 4 x 4 = ________

i) 3 x 4 = ________